AI時代の
伝わるすごい図化力。

一級建築士／ビジネス図化デザイナー
今井カツノリ

はじめに

頭の中を整理整頓して、表現の幅を広げ 創造性を高めるスキル

この本は、**図化の力を使って頭の中を整理整頓し、創造力が養われる仕事や生活を生み出して、ワクワクしながら人と共有できる自分になる方法**を書いた本です。

▶▶図を活かすことがあなたの問題を解決する？

「頭では理解しイメージしているのになぜ伝わらないのだろう？」と思ったことはありませんか？

または、「頭の中でモヤモヤしていてうまく言葉にならない」と感じることがありますよね。

これは頭の中のイメージが整理されていないからです。このような悩みは多くの人が少なからず抱いたことがあると思います。

これらの問題を解決することがこの本の目的です。それでは、どうやってこれらの問題を解決するのでしょうか？

答えは、**視覚効果を最大限に使える図化の力**にあります！

本書では、この図化の力を「図化力」と名付けます。以下併用します。

そして、この図化力を学び、現在もっているスキルにプラスして、このツールを使いこなすことにより、伝える技術として図を活かす

はじめに

方法を詳しく説明しています。

▶▶ワクワクして伝えるためのスキルとは？

文字は重要なコミュニケーションツールですが、より効果的に情報を伝えるためには、**文字を視覚的に工夫して活かすこと**が非常に有効です。図化は思考プロセスを図で描き出し、創造的に表現する方法です。

この図化には、**図形と文字を組合せることに特徴があります**。これを**図化の技術**と呼びます。本書では「図化」と「図解」は区別して用いています。

「図化」は右脳などを活用した、より創造的なアプローチを取り入れる点が特徴です。また、**「図解」**は全体を的確にまとめて図式化する方法として説明しています。これらの技術の詳細についても解説していきます。

視覚効果を活用した図化は、プレゼンテーションやコミュニケーションの場で大いに役立ちます。また、会話の中で図を用いることで、より明確に情報を補足し伝えることが可能です。

図化の技術は、頭の中の考えを整理し、イメージを具体的に表現する際にも使えます。この技術を使うことで、自己実現の感覚が得られるため、ワクワクしながら伝えることができます。

また、図化の技術では主にツールとして使える**「基本パターン」**を本書で紹介しています。このパターンを使うと、創造性を発揮する「図化」と、的確に表現していく「図解」もともに描けます。

ですから、事業構想を企画段階から具体的に進めていくプロセスにおいて、図化も図解も織り交ぜながら、活用できていくメソッドになります。

　ですが、特に強調したいのは**図化の技術は決して難しくないという点です。**シンプルな図形と文字を組合せるだけで、誰でも簡単に始められます。慣れれば、さらに応用を加えることもできるスキルです。図化の技術を日常生活やビジネスシーンで活用することで、仕事や生活の選択肢が広がります。
　ぜひ実践して、自分のスキルとして身につけてください。

生活やビジネスの質を変え人生のステージを上げたい人に活用して欲しいメソッド

▶▶ちょっとやり方を変えてみる

　例えば、いつもの自己紹介をする場面を考えてみましょう。通常、自己紹介では必要な事項を順番に話すことが一般的ですね。下の図に示すように、それぞれのポイントを並べて説明する方法が普通でしょう。

　これを文章に置きなおすと、例えば次のようになります。

はじめに

「私の名前は今井カツノリです。出身は大阪府で、今も大阪に住んでいます。職業は建築設計士です。趣味はテレビドラマを観ることで、特技は図を使って情報をまとめることです。一方、苦手なのは多くの人前で話すことです。」

このような自己紹介はシンプルで、自分のことを分かりやすく伝えることができるでしょう。ただし、この形式では個性が際立たないため、同じような自己紹介が続くと、記憶に残りにくいかもしれません。

では自己紹介を図で表現し、それを共有しながら話す方法を試してみましょう。このアプローチは、視覚的な要素を加えることで、より印象に残る自己紹介を実現することができます。

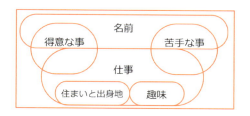

図を用いた自己紹介を文章にすると、例えば以下のように表現できます。

「私の名前は今井カツノリです。職業は建築設計士で、生まれも育ちも大阪です。そのため、仕事もずっと大阪で行っています。趣味はドラマ鑑賞で、これが仕事にも役立つよう意識して観ています。趣味と仕事が一体化している感じですね。図を使って情報を整理するのが得意で、このスキルを仕事だけでなくさまざまな場面で活用しています。一方で、大勢の前で話すのは苦手で、仕事でもプライ

ベートでも緊張してしまいます。」

　このように、図を使うことで、自己紹介の内容がより個性的で記憶に残りやすくなります。図化によって話す内容の関係性を視覚的に捉えることができるため、アイデアがひらめきやすくなり、感情やストーリー性をもたせることもでき、より自分らしい表現が可能になります。

　自己紹介をする際にも、この技術を使えば、センスがないと感じている人でも徐々にスキルが身に付いていきます。箇条書きも有効ですが、よりダイナミックで視覚的な図化を活用することで、自分の個性を際立たせることができます。

▶▶頭の中のモヤモヤを整理する手段

　ものごとをアウトプットし、図化することは、**頭の中を整理し表現するための有効な方法**です。頭の中がモヤモヤしていて思考がまとまらないと感じる人は、この方法を学んで、自分の思考法、スキルとして活用しましょう。

　図化を通じて表現の質が向上すると、人生において自分自身の理解が深まり、他人との共有が容易になります。これにより、さらに多くの活躍の場が得られ、**コミュニケーションの手段が増えていきます。**

　特にビジネスの場面では、アイデアやプロジェクトの構想を考える際、図化によるクリアな視覚表現が相手に理解されやすく、ものごとの進行がスムーズになります。このスキルを日常的に活用することで、将来的にも常に役立つ技術となり、視覚的に楽しむことができるだけでなく、より充実した生活を送ることができ、結果的に

はじめに

人生のステージを変えることにつながります。

創造的な思考が身に付く伝わる図化の技術

▶▶思考のプロセスは応用できる！

　私が建築設計の仕事に携わっていると先に自己紹介しましたが、なぜ一級建築士として、多くの方に役立ててもらいたい実用書を書くことにしたのか疑問に思われるかもしれません。その理由の１つは、建築企画の提案自体がプレゼンボードでのコンセプトなど、図化による視覚的表現を必要としていたからです。

　また私は建築設計の仕事だけでなく、カフェ営業、建築コーディネート事業、そして健康発信拠点の運営など、多様な事業に挑戦してきました。これらの事業を通じて、図化の技術を用いて多数のビジネス構想図などを作成してきました。これらの仕事を経験する中で磨かれたスキルが、ビジネスを成功に導きたい方々や、より充実した人生を送りたい方々の役に立つと信じています。

　そして何より、**図化する行為自体が私に創造的な感覚と思考のプロセスをもたらすことができ、それを皆さんと共有したい**と強く思っています。

　図化を行う過程で、ひらめきを伴って「これだ！」と感じる瞬間があります。それは建築設計をしているときに感じるワクワク感や充実感と同じです。そこから、この思考のプロセスを他のジャンルにも応用できると気づいたのです。また、建築物が完成した際にそ

の外観や内部の空間を見て、「できた！」と感じるその瞬間も、視覚効果から得られる喜びです。

これらの経験を踏まえて、私はビジネスや日常生活においても、図化によるこの**驚くべき視覚効果を最大限に活用すべきだ**と確信しています。

▶▶思考や表現の幅を広げる図化は創造的な行為

本書では、図化力の可能性を最大限お伝えしています。その上で、図化は**「関係性のデザイン」**だとお話していますが、図にするときの最大のポイントは、項目や要素のつなげ方にあると考えています。

つなぐことでストーリーとして明確になることもあり、さまざまな表現に結びつきます。意識してつなげていこうとする思考は、創造的な思考だと言えるでしょう。

このように**図化の技術は、単に情報をつなげるだけでなく、思考プロセスを可視化し、表現力を高める手法であり、創造的なアウトプットを生み出す行為**です。本書では、図化を通じてデザインするプロセスを説明しています。それは読者が思い描く一般的なデザインとは異なるかもしれませんが、**図を描くことができれば誰もがデザイナーと呼べるのです。**

図を活用するすべての人がデザイナー！

はじめに

人生も仕事もうまくいく図化というツール

▶▶人生も仕事もうまくいくためには？

　ものごとを全体として図化することで、人生や仕事を俯瞰的に見ることが可能になります。このような視点をもつことは、視野を広げ、より多角的な見方を可能にし、結果として**人生にゆとりと余裕をもたらします**。これは、人生や仕事を成功へ導く重要なアプローチの１つです。

　図化は基本的なパターンを活用し、さまざまな状況で応用することでスキルとして身に付けることができるシンプルな方法です。多くの方々が、このツールを日常的に使いこなせるようになり、人とのつながりが変わり、仕事や生活の質が向上することを願っています。

　そしてこの技術をマスターすることにより、人生も仕事もよりスムーズに、そして成功へと導くことができるでしょう。図化力を活用して、新たな可能性に満ちた生活を送りましょう。

> 図化の技術を活用してワクワクする人生を手に入れよう！

本書で学んだことを実践することで、何を得て欲しいのか。
- ●思考のプロセスを変える、新たなプロセスを加える
- ●周囲の視点を増やす、視野を広げる
- ●既存の見方を更新する
- ●新しい思考の習慣を築く
- ●新しいアイデアやひらめきを引き出す方法を知る
- ●新しい表現方法を見出す

目次

はじめに

頭の中を整理整頓して、表現の幅を広げ創造性を高めるスキル …… 2

生活やビジネスの質を変え人生のステージを上げたい人に
活用して欲しいメソッド ……………………………………………… 4

創造的な思考が身に付く伝わる図化の技術 ……………………… 7

人生も仕事もうまくいく図化というツール ……………………… 9

序章　伝わる図化力で人生をより良く生きる

図化の力を使った視覚化メソッドとは …………………………… 15

コミュニケーションスキルをアップさせる方法 ………………… 18

図化をマスターするには慣れることが一番 ……………………… 20

会話にパッションやエネルギーがある方が良いことは図化も同じ …… 21

なぜ図化することでワクワクするのか …………………………… 22

ＡＩ時代だからこそ主体性を活かすスキルとは? ……………… 23

その場で表現することで、できる人に見られる ………………… 25

図化はイラストや絵を描く必要はない …………………………… 27

図化の技術は一生使えるツールになる …………………………… 28

第1章　いまなぜ伝わる図化力が必要なのか?

図化の技術は伝わることをデザインすること …………………… 31

あなたは何を伝えたいのか? ……………………………………… 32

図化することで何を伝えていくのか ……………………………… 34

インプットを図化で整理してアウトプットする ………………… 36

頭の中の思考を整理整頓する方法 …………………………………… 39

「図化」と「図解」を使い分けて考えるデザイン ………………… 43

図化で可視化したい重要な3つの要素 …………………………… 47

図化は全体と部分を同時に見る力を発揮させる ………………… 49

人はバランスがとれて安心する生き物 …………………………… 51

右脳と左脳を使ってデザインできる図化力 ……………………… 53

第2章 関係性をデザインすることが図化の本質

あらゆる世界でデザインが求められている ……………………… 57

関係性をデザインすることが図化のすべて！ …………………… 59

要素を整理することが図化の始まり ……………………………… 62

関係性をつなげることこそクリエイティブな図化プロセス …… 64

相関性をデザインして共有できることが本質 …………………… 66

全体を俯瞰すると部分との関係性が見える ……………………… 69

余白を意図的につくる関係性のデザイン ………………………… 71

美しさに意味と機能をもたらすデザインとは …………………… 73

自然の美にも当てはまる建築の美学には普遍的な効果がある …… 75

美しさの秩序と法則は人間の行動にも当てはまる ……………… 77

第3章 学ぶと思考と行動が変わる図化の方法

「文字」と「図形」を組合せる視覚的な意味をもたせる方法 ………… 79

図化は記憶に残りやすい表現の方法 ……………………………… 84

図化は確認作業のできるアウトプットの方法 ………………… 84

全体領域を作成し要素を配置する図化の方法 ……………… 86

意味ある領域を生み出すグルーピングの方法 ……………… 89

全体領域の内外を可視化して視野を広げる方法 …………… 92

全体構造を把握できる人の思考法 …………………………… 95

第4章　要素と表現が直感で可視化できる図化の技術（ツール編）

基本パターンは組合せるためのツール ……………………… 97

　1. 対称（シンメトリー）symmetry ………………………… 101

　2. 連続（コネクト）connect ………………………………… 102

　3. 中心（センター）center ………………………………… 104

　4. 段階（スケール）scale ………………………………… 107

　5. 放射（エクステンド）extend …………………………… 108

　6. 円状（サークル）circle ………………………………… 110

　7. 境界（バウンダリー）boundary ………………………… 112

　8. 対比（コントラスト）contrast ………………………… 115

　9. 応用するためのその他パターン ………………………… 117

フレームワーク図にも活用できるツール …………………… 120

第5章　表現することが楽しくなる図化の魔法（効用編）

図化の効用で思考のプロセスを楽しむ！ …………………… 123

超効果的な図化ノート術で成果を上げる方法 ……………… 128

要素・要点をつなげて表現する図化の楽しさ ……………… 132

ひらめきを意図して起こす図化マッピング ………………… 135

妄想を楽しむ図化マッピング。妄想図化！ ············· 138

美しく表現された図化で心がときめく ············· 141

俯瞰して全体を見通す気持ちよさ ············· 142

パッションを表現して自分らしさを演出 ············· 146

夢を叶える図化の魔法 ············· 148

第6章　ビジネスや生活にワクワクをもたらす図化の実践（活用編）

個人の啓発や目標・ゴールを明確にする図化力 ············· 151

日常のリストもグレードアップして活きる図化力 ············· 153

ビジネス構築、事業構想に役立つ図化力 ············· 159

チームワークやコラボレーションを引き出す図化力 ············· 163

記憶を最大限活かすための図化力 ············· 168

ビジネス図解に活かすクリエイティブな図化力 ············· 173

人生計画とキャリア形成のための図化力 ············· 176

おわりに ············· 183

特別編付録 ············· 186

序章

伝わる図化力で人生を
より良く生きる

図化の力を使った視覚化メソッドとは

▶▶図化ができると多くの思考もはたらく

図化とは、思考やアイデアを視覚的に表現することにより、理解や共有を促進する方法です。

本書で提案する**図化の力**を使った手法のことを**視覚化メソッド**と呼んでいます。

これは、どのような場面で活用できるかいくつか例をあげてみます。

▶頭の中のモヤモヤを整理したいとき

▶新しいアイデアに基づいた行動を始めたいとき

▶チームの一体感を高め、情報を共有したいとき

▶計画を明確にして実現性を高めたいとき

▶人の話を要約としてメモしたいとき

▶ものごとを相手にうまく伝えたいとき

▶コミュニケーションを円滑にしたいとき

このように幅広い状況で使えるメソッドなのです。

　視覚化メソッドはより良く活かせる場面で積極的に使うことで、通常より格段に納得感を伴って効果を感じてもらえます。ただし、この方法が単なるテンプレートの使用にとどまらないことを理解することが重要です。活用する場面によって図化表現のスタイルが異なるため、伝わる図化の技術として習得してもらいたいです。

　この視覚化メソッドは、上記の場面等で活用するときにいくつかの思考力をはたらかせることになります。本書ではその思考力を次のように定義しました。

整理思考：頭の中の考えを整理し、自分自身で理解できる状態に可視化していく考え方

クリエイティブ思考：固定観念に捉われず問題解決し、可視化して新しい発想やアイデアを生み出す考え方

相関思考：相互の関連性を意識的に可視化していく考え方

アウトプット思考：情報収集（インプット）に時間をかけず、可視化というアウトプットを積極的に行って、結果を出す考え方

プロセス思考：プロセスを見える化し、継続的に改善・進展させる考え方

全体思考：より広い視野でものごとを可視化して俯瞰し、「全体と部分の関係性を捉える」考え方

余白思考：意図的に空間をつくり、戦略的に情報を配置して可視化する考え方

以上の思考について定義しつつ、視覚化メソッドの各目的、用途にどのような思考力を用いるか図にしてみました。

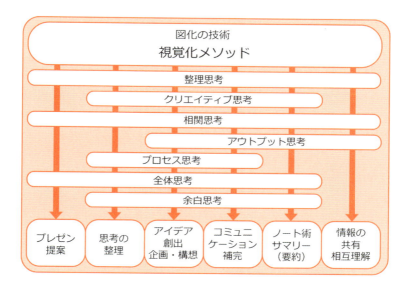

図の下段にあるような**目的のために、思考力を発揮**していくことになりますが、この視覚化メソッドはこれらの思考力を学ばないと実践できないわけではありません。

実践しながら学んで表現するコツをつかんでいけば、図化の技術を自分のツールとして活用できるようになり、自然と思考力も身に付いてくるというものです。

> 視覚効果は最大の武器！
> 思考力も身に付いてスキルのレベルが大幅に上がる！

> ───ポイント───
> ●図化の力を活用して多様な目的に対応できる
> ●さまざまな思考力を組合せることで、図化の技術をより活用できる

コミュニケーションスキルをアップさせる方法

▶▶ひと目で把握できる図化表現

　コミュニケーション手法は多岐にわたります。最も一般的なのは会話で、聞いた瞬間には理解しやすいものの、時間が経過すると忘れがちです。文章も同様で、順を追って読むことで理解はしやすいですが、全体像をつかむには時間と集中が必要です。

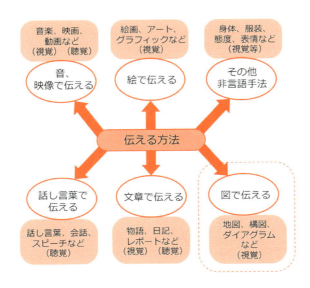

伝わる図化力で人生をより良く生きる　序章

　その他、さまざまな伝える方法を、特徴を添えて私なりに前頁の図のように図化してみました。図は主に話し言葉や文章を補う図で伝える方法として有効です。

　本書で紹介する**「図を用いたコミュニケーションスキル」**は、ひと目で全体の構造が直感的に捉えやすく、流れの理解も容易です。しかし、すべての情報を説明しているわけではないため、相手の理解度によっては受け取り方が異なる可能性があります。

・話し言葉：順番に理解できるが、流れてしまう表現なので全体理解
　　　　　　は伝わり方による
・文章：順番に理解できるが、全体を把握するには時間と思考が必要
・図　：ひと目で全体を理解できる。確認作業もできる。誤差はあるが、
　　　　自分らしさは表現次第

　人は情報が視覚的に整理されていると安心しやすく、理解も早まります。そのため、言葉に加えて図を用いた表現を取り入れると、コミュニケーションがよりスムーズになるでしょう。
　会話中にものごとの関係性を示す図を提示することで、相手は会話の流れを視覚的に確認できます。常に相関関係を意識することで、会話にも説得力が加わります。

図は直感的に把握できることが嬉しい！

------------ ポイント -----------
● 図化表現による視覚効果は、情報を直感的に理解しやすくする
● コミュニケーションスキル向上には、視認性の高い図がとても効果的

19

図化をマスターするには慣れることが一番

▶▶使い慣れていくことで個性的な図化表現ができていく

　伝えることは思った以上に難しい行為ですが、相手に伝わったときの喜びは計り知れません。人生をより良くするためにも、効果的なコミュニケーションスキルは非常に大切です。

　本書で伝えるスキルは、会話や文章と同様に、学び、練習し、実践することで習熟します。習得の過程で得たコツは、表現を容易にし、個性的なスタイルを確立します。

　図化は個々の個性を反映し、独自の表現方法を育てます。しかし、「伝わる」ことを優先するためには、適切な方法が求められます。自分に合ったスタイルを見つけ、習慣化することが重要です。これはまさにトレーニングの過程です。

　トレーニングを面倒だと感じることなく、表現する楽しさを感じていただきたいです。ワクワクしながら実践を重ねることで、自然と自分の魅力が増し、魅力的な図化スキルが身に付いていくでしょう。

習慣化することで新たな思考や行動は当たり前になる！

------ポイント------
- 図化のコツをつかみ自分らしい表現方法が得られれば魅力的な図化のスキルが身に付く

会話にパッションやエネルギーが
ある方が良いことは図化も同じ

▶▶図で表現するときも個性を出せる

　会話やプレゼンテーションで声の抑揚やトーンに気を配るのは、聞き手にとって分かりやすくするためです。図化もこれに非常に似ています。図を使ったコミュニケーションでは、ビジュアルの個性があなた自身を反映し、相手との共有を促進します。

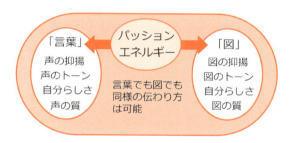

　個性的な表現は言葉だけでなく、図化にも同じように適用されます。自分自身を表現するには、いろいろな方法があります。図化の方法も本書で紹介することだけが、個性を増す図化スキルのすべてではありません。

　本書では図化の基本的な技術を紹介しますが、これに限定することなく、自らのスタイルでアレンジし、より個性的なビジュアル表現を目指してください。

> **人は図化することでもエネルギーを出せる！**

> ─── ポイント ───
> ● 言葉でも図でも、伝わる方法は多い方が良い
> ● 自分らしい表現は話し言葉でも図化の場合でも基本的に同じ効果をもつ

なぜ図化することでワクワクするのか

▶▶自分を表現するための図化

　図化は単に情報を視覚化する以上のものです。**自分がワクワクしなければ、その感動はなかなか他人には伝わりません**。例えば、整理されていない雑多な図では、伝えたいことが不明瞭になり、見る人に不安感や不信感を抱かせることさえあります。

　図化は自己表現の一形態と考えてください。特に、これが相手とのコミュニケーションツールとなる場合、図を用いることは非常に有効です。お気に入りの図のパターンをもつこと、図を使った「必殺技」を繰り出すこと、あるいは愛らしいデザインで親しみやすく表現することなど、工夫次第で自分自身も楽しみながらコミュニケーションできます。

刺激的な図化の効果が自分の視覚に入ればワクワクする！

アイコンで表情を出す表現もひとつの手段

言葉や会話でも同じですが、ワクワクする気持ちは伝播すると言われます。図化自体がワクワク感を演出できていれば、人にワクワクの伝播が起こります。

実際に図化を試してみると、自分自身が楽しみながら、相手もそれを感じ取って笑顔になるでしょう。

また直感はしばしば軽視されがちですが、創造的な表現、特に図化においては非常に重要な役割を果たします。直感に従って表現した図は、新たな刺激となり、見る人の興味を引きます。図化はただのスキルではなく、**創造的な表現の手段**として、皆さんにも積極的に利用していただきたいのです。

右脳を使った直感で表現するからこそワクワクする！

------------------------------ ポイント ------------------------------
● 言葉だけでなく、図を使った伝達がコミュニケーションの幅を広げる
● ワクワクするような表現は、伝える側も受け取る側も楽しませる力がある

ＡＩ時代だからこそ主体性を活かすスキルとは？

▶▶自分らしさを発揮する人生とはどういうものか

自分らしい人生とは、自分の表現が自分らしいものであることが1つの大きな要素です。

例えば、シンガーが自らの音楽を通じて人々を幸せにし、魅了することができるのは、音楽の力が素晴らしいゆえなのはもちろんのこと、その音楽をどのように歌うかが重要な要因です。自分の意思で自分らしく音楽を伝えることが、その表現のすべてであり、それが素晴らしければ聴く人々を引き付けることができるのです。

図化もまた、自分の思いを表現し、人を魅了する技術です。多様な表現方法がありますが、図化は特に自分らしさを表現するのに役立ちます。何を伝えたいかを強く感じることが、図化技術を習得するための良いスタートとなるでしょう。

ところで、仕事や生活の中では楽しいことばかりではなく、ときには困難もあります。つらいときや苦しいときには、言葉で伝えるのが難しくなることもあります。そんなときでも、前向きな言葉を使い続けることは大きなエネルギーを必要とします。図化も同様にエネルギーを要しますが、自分自身が冷静になり、図化を通じて表現することで心が救われることもあるかもしれません。

▶▶ＡＩに真似できない主体的な自分をつくる！

生成ＡＩ技術が進化し、多くのアウトプットがＡＩによって行われる時代が到来しています。文書の表現もＡＩによって生成された後、修正を加えるプロセスが一般的になってきていますが、自分の意思で個性を出す表現はＡＩでは真似できません。**これからの社会では、ＡＩが説明を担う場合と自分が自分らしく表現する場合とを使い分ける時代**になっていくでしょう。

伝わる図化力で人生をより良く生きる　序章

自分らしく主体的に生きることは自己効力感を持続させる大きな要因です。今後、ますます**自分の意思が問われる時代**が来るため、図化のような自分の意思が反映されやすいスキルを身に付けることが重要です。

> **AIにはできない自分を表現する楽しさを味わいましょう！**

------------------------------ ポイント ------------------------------
- ● AI時代は自分らしく表現することが求められている
- ● 図化は自分が主体的に表現できる行為

その場で表現することで、できる人に見られる

▶▶リアリティーのある現場でも役立つ図化

　会話はほとんどの人が使用する主要なコミュニケーション手段です。話し言葉の使い方は多岐にわたり、その効果は聞き手の主観によって左右されます。上手に話し言葉を操る人は好印象に見られがちです。

　一方で、図化をコミュニケーションツールとして使う人はまだ少ないです。だからこそ、図化の技術をその場で使うことで、他人からの評価が高まる可能性があります。

　会議で図を用いる人を見ると、「この人はものごとを整理するのが上手い」という印象をもつことがありますが、適切に使わなければ、逆効果になることもあります。そのため、図化の技術を磨き、適切に活用することが重要です。

25

例えば建築設計の現場での体験は、図化の価値を象徴しています。設計者が施主の方との打合わせで直接スケッチを描くことで、話だけでは伝わりにくいイメージを明確にすることができます。ほとんどの場合、施主の方はスケッチを見て納得し、喜ぶことが多いです。
　このような図化の力は、一般の仕事や日常生活のさまざまな場面で有効にはたらきます。相手にしっかりと意図を伝えることができれば、高い評価を得ることができるでしょう。ぜひ、多くの場面で図化を活用してみてください。

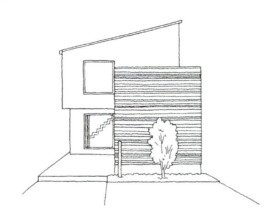

図化してできる人に見られよう！

----ポイント----
●現場では、その場で図化力を発揮して図を描くことで価値が増す

図化はイラストや絵を描く必要はない

▶▶絵心不要！ 芸術的スキル不要！

イラストを描くことが一般的に自己表現の方法として推奨されることが多いですが、すべての人がイラストを得意としているわけではありません。イラストをうまく描けないと感じる方も多いでしょう。実際、イラストや絵を描くことは確かに有効な手段ですが、それだけが自己表現の方法ではありません。

多くの方が苦手としがちなイラストや絵を表現手段として使うのではなく、次に示す右の例のような図化表現で良いのです。誰もが簡単に表現できるスキルをもち合わせていれば、人と違った良い表現や自分らしいやり方で伝えられることでしょう。

本書では、必ずしも芸術的な才能を活かして個性を表現することを推奨しているわけではありません。むしろ、**誰もが容易に使える図化の技術を用いて、自分自身を表現するツールとして図化をおすすめしています**。イラストや絵に代わる方法として、よりアクセスしやすい形式での表現を探求しましょう。

▶▶基本スキルを身に付けると応用可能に！

図化の技術は、コミュニケーションスキルの１つとしても非常に重要です。基本的なパターンをマスターすることから始め、それらを**組合せて独自の表現をつくり出すことができます。**自分がストックしておくアイコンなどを使用することもできますし、イラストや絵が得意な方は、それを図化の基本パターンに加えてさらに豊かな表現を行うことも可能です。

このアプローチにより、自分らしい表現としての図化をデザイナーになった気分で応用しながら楽しみましょう。

絵心不要で自分らしいデザイナーになれる！

------------------- ポイント -------------------
● 誰もが容易に使えるアイコンを応用して自分らしい表現を身に付けることが可能

図化の技術は一生使えるツールになる

▶▶個人のスキルアップにつながる図化の利点

コミュニケーションスキルの向上に図化の技術を活用することは、自己表現の手段を拡大し、個人のスキルを高める大きな助けになります。図化の技術には以下のような利点があります。

思考の整理：自分の頭の中を整理し、クリアな思考を促進
正確な表現：ものごとを正確に図で表し、他人にうまく説明できる

（図解力ともいう）

共有のツール：情報を他人と共有する効果

記憶の援助：情報を視覚的に表現することで、より記憶に残る

創造的なプロセス：図化のプロセスをクリエイティブな行為として
アイデアや発想を引き出す

　これらの技術を身に付けることで、どんな場面でも自分の考えを効果的に伝え、自身を高めることができます。言葉や文章、音楽と同様に、図化は日常のあなたの表現ツールとなり、強力な武器になります。図化は一生役立つスキルです。ぜひ基本から学び、自分らしく活用できるようになっていただきたいです。

さあ！あなたも図化マスターになって日常で使いこなそう！

------------------ ポイント ------------------
● 慣れれば図化はいつまでも使える自分のツールになる

第1章

いまなぜ伝わる図化力が必要なのか？

図化の技術は伝わることをデザインすること

▶▶うまく伝わる方法がある

日常生活や仕事では、人との関係性が基盤となっています。何かを企画し、それを実現する際には、そのアイデアを効果的に伝える過程が必須です。個人でもチームでも同じで、伝わることによって初めて、企画は形になっていきます。

私が携わる建築の設計現場では、建物が完成するまでに多様なコミュニケーション方法を用います。同じ形の建物は存在しないため、伝えるための独自パターンを都度、工夫しています。これには、言葉、文章、図面など、さまざまな手段が使われます。すべての状況において1つの方法に依存することはありません。**伝わることに意味があり、そのために伝える方法を駆使します。**

図化の技術は、伝えるためのパターンを組合せ、さまざまな状況

に応じてアレンジすることをおすすめします。

　本書では建築や住宅設計のエッセンスを交え、図を用いて情報を伝えることに重点を置いています。また、それに基づく考え方も理解してもらうことを目指しています。

　図化の技術を使って思考し、表現するプロセスを「伝わることをデザインする」と定義しました。これは、デザイナーが絵やイラストを描くことだけでなく、どの分野でも考え、何かを生み出し、表現する過程全体をデザインと呼ぶことを意味します。

　本書は、デザイナーになるための教科書ではなく、日常の仕事や生活で新たな価値を生み出す思考法や実践方法を提供することを目的としています。

```
------------------ポイント------------------
● 図化の技術は仕事や生活で新たな価値を生む思考やアウト
　 プットなどのプロセス
● 伝わるための方法としてデザインがある
```

あなたは何を伝えたいのか?

▶▶どのように自分の考えを整理し、明確に伝えるのか

　日常生活や仕事を進める中で、多くの人が頭の中の考えを整理し、それを明確に表現したいと考えます。

　しかし、イメージをもっていても、それを明確に伝えることが難

しいと感じることがしばしばあります。この困難は頭の中の情報が
アウトプットに適した形で整理されていないからです。

▼自己理解を深める図化のプロセス

まず大切なのは、**他人に何かを伝える前に、自分自身が何を伝えたいのかを明確にする**ことです。自分の考えや情報をどのように伝えるべきかを見つけるためにも、図化の技術が役立ちます。図化によって情報が整理されることで、自分自身の思考が可視化され、より効果的なコミュニケーションへとつながります。

▼図化によるアウトプットと伝達

図化した情報は、自分自身の表現であると同時に、他人に伝える際の明確なメッセージとなります。アウトプットする際には、表現された内容の意図が正確に届き、誤解を避けることができます。

図化は単なる視覚的ツールにとどまらず、**自己表現の強力な手段**として、日常生活や職場で活用する価値があります。

ポイント

● 図化は自己理解を深め、他人に明確に伝えるための技術としても機能する

● 図化は自分の頭の中の考えを整理し、どのように伝えるべきかを見つけるプロセス

図化することで何を伝えていくのか

▶▶図化は伝えたい要点を明確に表現するための手法

図化のプロセスは、何を意図して視覚化するかを理解することがとても大切です。では、どのようにすれば効果的に表現できて伝えていけるのでしょうか。本章では、図化における具体的な性質を詳細に説明し、それらがどのように伝達に役立つかを解説します。

図化は**「伝える要素」を表現**するため、文字＋図形＝図化（第3章で説明）という作業を行います。この図化は次のような性質を表現するときによく用いられます。

❶同質性の表現
❷親和性の表現
❸相関性の表現
❹集合性の表現
❺論理性の表現

❶同質性の表現は、性質の似た要素を配置し、グループ化して視覚的に理解しやすくします。近接という方法で同質性のものを近づけてグループ化するとより伝わりやすくなります。

※同質性：考え方や価値観が近い要素同士の関係性のこと
※近接：関連する要素同士を物理的に近づけることによりグループ化すること

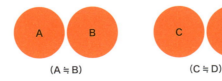

いまなぜ伝わる図化力が必要なのか？　第1章

❷**親和性の表現**は、親和性の高い要素を組合せ、ものごとのなじみやすさや相性の良さをイメージしやすくすることです。ものごとの組合せをより可視化して分かりやすくするためにグルーピングする方法により表現されます。

※親和性：ものごとや人を組合せたときの自然に調和する相性のよさを示す性質

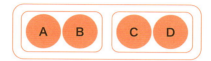

❸**相関性の表現**は、要素間の相互関係や影響を明示し、互いの関連性を視覚的に表します。一方向や双方向の関わりなど、意図してつなげる関係性を示す表現などを要点としています。

※相関性：二つの要素が互いに密接に関わり合い、一方が変化すると他方にも影響を及ぼす関係性

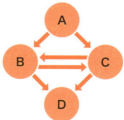

❹**集合性の表現**は、複数の要素を意図的に集めて、新たなグループを形成します。グループ化することで気づく場面もあり、関係性を把握する重要な要点です。

※集合性：複数の要素が一箇所に集まること、または集める行為

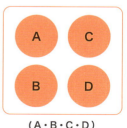

（A・B・C・D）

❺**論理性の表現**は、論理的に整理された情報を基に図化を行い、その論理構造を視覚的に提示します。数字の列記を伴った表現として硬いイメージになることもあり、それとは異なる自分なりの表現パターンをもつと図化として活用しやすいです。

※論理性：ものごとの要素の体系的な整理や、法則に沿って筋道立てて考える様子を表すこと

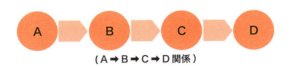

（A➡B➡C➡D関係）

これらの性質を理解し、それぞれの性質に基づいて情報を整理・視覚化することで、図化はより効果的なコミュニケーションツールとなります。図化を通じて、情報の流れや構造が明確になり、相手に伝わりやすくなります。また、**図化は自己理解を深め、新たな気づきを得るためのプロセスとしても機能**します。

図化の技術を活用することで、**複雑な情報や関係性をひと目で理解できる形で表現し、相手に意図を明確に伝える**ことができます。

---ポイント---
- 図化は意図を効果的に伝えるための表現方法
- 主要な性質に対して表現のパターンをもつことは効果的

インプットを図化で整理してアウトプットする

▶▶**インプットしただけでは整理されない！**

現代は情報がいくらでも入手可能な時代であり、多くの人が情報

いまなぜ伝わる図化力が必要なのか？　第1章

のインプットに長けています。しかし、インプットした情報を単に蓄積するだけでなく、それを整理し、自分の知識や情報として必要なときに引き出せる形で保持することが重要です。本書では、そのような情報の引き出し方も視覚化メソッドを通じて伝えます。

　ではどのような場合にアウトプットが必要でしょうか。

▶**インプットした情報を他者に正確に伝える場合**

▶**情報に自分の感想や意見を加えて述べる場合**

▶**会話の中で自分の知識や考えを表現する場合**

▶**特定のテーマについて、自身の考えを意見として話す場合**

▶**プレゼンテーションやスピーチの機会に情報をまとめて伝える場合**

　これらのシナリオでは、ほとんどの場合、何らかの支援資料やスクリプトがあると、情報がより正確に伝わります。

　例えば、スピーチの際に話の内容リストを下の図のように事前に書き出しておくことで、話の順序を追ってスムーズに進行することができます。しかし、このリストに沿ってのみ話を進めると、途中で話が飛んだり、内容がバラバラになると修正が難しくなります。

話をする内容リスト	自分の自己紹介
	今につながる家庭環境のお話
	お話する仕事につながったきっかけ
	今の仕事内容
	大切にしている考え、価値観について
	関心のあるライフワークについて
	将来にむけてのビジネスについて
	課題を解決した未来の理想像

では、下の図のように話の全体構造を図化しておくとどうでしょうか。

話をする内容図化

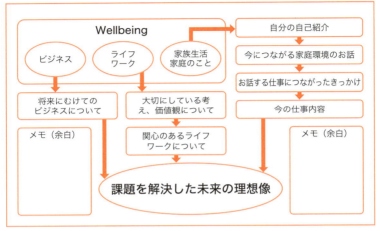

内容項目はほぼ同じなのですが、図化することで、話の中心軸や序盤に話すべき内容、結末などが相互に関連付けられ、全体の流れがひと目で把握できます。これにより、話の進行に自信がもて、もし順序が前後しても、容易に話をつなげることができて、始まりと終わりも視覚化されていれば自分への安心感も得られます。

またメモを見ながら話をすることができない場面でも、同じように図化のメモが役に立ちます。

このような場合、事前に全体の構造を図化して話を組立てておくことで、話す内容を網羅的にカバーし、忘れにくくなります。

図化はメモの領域を超え、スピーチやプレゼンテーションの質を大きく変えると言えるでしょう。

いまなぜ伝わる図化力が必要なのか？　第1章

▶▶どのようなアウトプットが効果的なのか

　視覚的な効果を最大限に活用することは、人間が情報を処理する上で非常に効果的です。

　これは、ビジュアル化された内容は記憶に残りやすいという効果を取り入れていることはお分かりでしょう。

　人と人がコミュニケーションを図る際、言語情報が７％、聴覚情報が３８％、視覚情報が５５％の割合で相手に影響を与えるとする**メラビアンの法則**[※]という心理学の法則もあります。

　また五感（視覚・聴覚・嗅覚・味覚・触覚）のうち、**視覚は人間が受け取る情報の約８割を占めている**と言われています。

　視覚的な効果を最大限取り入れるのは、人の認知心理面から言っても必然ではないでしょうか。

　視覚情報が人間の情報処理において重要な役割を果たすことを理解し、図化を通じてより効果的なアウトプットを目指しましょう。

※アメリカの心理学者アルバート・メラビアンによって提唱され、言葉に対して感情や態度に矛盾があった場合に、非言語要素からの情報を重視する傾向があるという法則

----------------------- ポイント -----------------------
●視覚効果を最大の武器にしてアウトプットに活かす

頭の中の思考を整理整頓する方法

▶▶ふだんのやり方を変えてみる

　日常の多忙なスケジュールの中で、「あれもこれもしなければ」

と思った瞬間、整理整頓の必要性を感じることはありませんか？しばしば、私たちはただ情報をメモするだけで、実際にはそれが適切に処理されず、行動に移しそびれることがあります。

また頭の中のイメージがこんな感じのときはありませんか？
- **イメージしているが言語化できていない状態**
- **言葉は浮かんでいるが、それらがつながらない状態**
- **アウトプットする際、順序良く進まず行き詰まる状態**

このような状態を改善するには、**頭の中の整理整頓を図化の方法で行うことが有効**です。図化によって、頭の中の点在するアイデアや情報を視覚的に整理し、効率的にアウトプットへとつなげることができます。

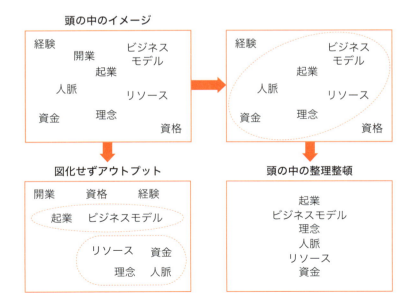

いまなぜ伝わる図化力が必要なのか？ 第1章

　頭の中の点在している項目を整理整頓していく場合、図化せずにアウトプットすると、前頁の4つの図のうち左下図のようにバラバラに出てくることもあります。

　また頭の中で整理整頓されても右下図のように、順番に並んで出てくる場合もあるでしょう。

　それでは、図化の技術を活用した整理整頓の方法を説明します。

　整理していく場合、要素同士を関係づける可視化が必要です。そしてその関係性をグルーピングするなどして全体構造化していく整頓の必要があります。これらは図化しながらプロセスとして行っていくので、**図化プロセス**と呼んでいます。

　整理は、下の図のように要素整理したものを選別し、各項目（部分）を図化しながら、つなげていくことです。

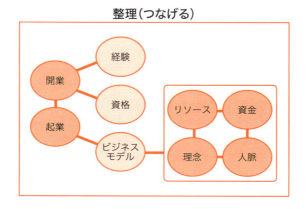

整理（つなげる）

　整頓は、次の図のようにつなげた要素をカテゴリーやジャンルごとにグルーピングして図化していくことです。

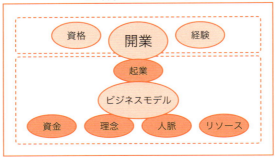

　仕上がりの**図化**は、下の図のようにグルーピングした内容をそれぞれの要素（部分）の関係性と重要度などによって、視覚的に全体を表現した図にしていくことです。

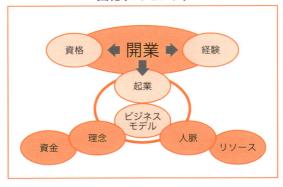

　図化の表現方法については、次章以降で詳しく伝えていきます。まずは思考をまとめてアウトプットしていくには、整理、整頓、図化と手順を踏んでいくことがポイントです。

いまなぜ伝わる図化力が必要なのか？　第1章

図化の技術を活用した整理整頓の方法

整理	要素を関係付けて可視化し、重要な情報を選択します。要素間の関連性を確認し、どの情報が重要か決定します。
整頓	関連する要素をグループ化し、カテゴリーやジャンルごとに整頓します。各グループをどのように配置するかを決定し、視覚的にまとめ上げます。
図化	整理整頓された要素を基に、図を作成します。これにより、全体の関係性や重要度がひと目で理解できるようになります。

　このプロセスを通じて、リストのレベルを超えた、情報の可視化が実現します。図化による整理整頓は、ただ情報を羅列するのではなく、それをどのように活用するかを明確にするための**戦略的なアプローチ**です。

　視覚化メソッドは、整理整頓のプロセスも含め図化の技術を使ったデザイン行為とも言えます。

------------------ ポイント ------------------
- 図化は思考の整理整頓における視覚化プロセスを強化する手法
- 整理整頓を図ることで、効率的かつ、必要なときにすぐにアクセスできる状態にする

「図化」と「図解」を使い分けて考えるデザイン

▶▶「図化」と「図解」のプロセスを知り活用する

　ビジネスの現場では「図解」という手法が頻繁に使われ、さまざまな情報が図式化されています。この章では「図化」と、一般的にビジネスで使われる「図解」との違いを明確にし、それぞれの適切

43

な使用法を探求します。

定義的には次のように区別することができます。

＊図　　化：図を使って考えを表現し、創造的な形でアイデアを形成するプロセス

＊図解化：図を用いて情報を整理し、分かりやすく説明するプロセス

＊図式化：ものごとの関係や工程を説明するために図にするプロセス、またはそのように考えること

＊図　　示：図に描いて示すこと。図で示すこと

また本書では「視覚化メソッド」というキーワードでお話させてもらっていますので、「可視化」と「視覚化」と「見える化」についても本書での定義をしておきましょう。

＊可視化：見えないデータや情報をグラフや図表にすることで、視覚的に認識しやすくすること

＊視覚化：抽象的な思考やイメージを目で見て分かる形に変換すること

＊見える化：見えていなかった情報やプロセスを明確にし、誰もが気づいて理解するような表現をすること

「図化」はクリエイティブな表現やアイデア生成の場において、主に自己の考えを視覚的に展開するために用います。一方で「図解」は、情報を論理的に整理し、その理解を促進するために用いる方法です。各プロセスは異なる場面で有効であり、これらの違いを理解することが重要です。

本書のテーマは「視覚化メソッド」なので主に「視覚化」につい

いまなぜ伝わる図化力が必要なのか？ 第1章

て説明をしています。しかし表現していく中では「可視化」していく場面も多いので混在した説明になっています。ですが、あまり厳密に選別して考える必要はないとご理解ください。

それでは「図化」と「図解」について、それぞれフロー図をつくりましたので、これを見ていただきましょう。

視覚化メソッドでは、ロジック的に活用する場合は「図解」の要素が強く、クリエイティブ的に活用する場合は「図化」としての要素になると理解していただければ幸いです。

まず次の図は**「図化」についてのフロー図**です。

ここでフロー図に出てくる概念化について補足をいたします。本書で言う概念化とは、個別のものごとが共有する性質や本質を体系的にまとめ上げ理論化するプロセスのことを言います。

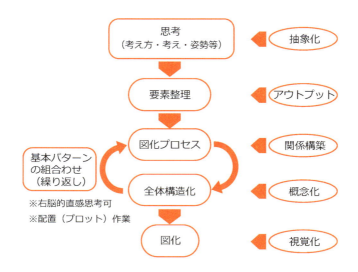

ではフロー図について説明します。

　前頁の図は思考のプロセスの場合を説明していますが、クリエイティブな行為は、アイデア創出や、ひらめき、企画構想などの場面で必要とされるでしょう。しかしクリエイティブなものを生み出すのは、一回で完結することはまずありません。プロセスを繰り返すことが必要です。この図ではとくに「図化プロセス」と「全体構造化」の繰り返しで表されています。

　そして下の図は**「図解」を示したフロー図**です。このプロセスはでき上がった全体構造について、説明する内容を図式化することをメインにしています。いわゆる**「図で解説する」**という意味です。

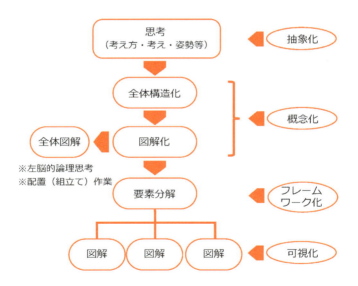

　多くの場合、全体構造を示した後、要素分解して説明としてフレームワーク図などに細分化して図示していくことになります。よりひと目で内容が分かるようにする必要があります。

いまなぜ伝わる図化力が必要なのか？　第1章

　このように「図化」と「図解」では目的とプロセスが異なってきます。ただ思考するものごとの内容によっては「図化」も「図解」も兼ねているプロセスのものもあります。

　次章から説明する**図化の技術を習得していく**と、**「図化」も「図解」もともに使えるスキル**が身についていきます。

----------------------ポイント----------------------
● 「図化」と「図解」は明確に区分けがある
● 図化の技術は、「図化」と「図解」どちらにも活用できる
● 「図化」と「図解」はデザインのプロセスが異なる

図化で可視化したい重要な3つの要素

▶▶伝えたいことを明確にするための3つのポイント

　本書で提案する視覚化メソッドでは、**「重要度」、「優先順位」、そして「関係性」を見える化することが重要**です。

　しばしば、私たちは何となくのイメージはもっているものの、それを行動に移せないことがあります。これは、事象の重要度や優先順位が明確に可視化されていないために起こることが多いです。

　例えば、ＰＤＣＡサイクルを実行する場合、視覚化された図は有効です。次の例１図からは、「計画」がスタートポイントであり、「実行」が特に重視されるべき段階として強調されていることが理解できます。

47

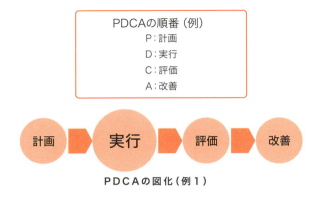

ＰＤＣＡの図化（例１）

　また下の例２図のように、計画と改善の間には何らかの双方向の関係が含まれているかもしれません。これらの視覚化によって、ＰＤＣＡサイクルの全体像と各段階の相互関係が明確になります。

ＰＤＣＡの図化（例２）

▶▶伝わるように関係性を表現する図化

　図化において、重要度、優先順位、そして関係性の３つを図化の基本パターンと組合せて表現する方法については、次章以降でさらに詳しく解説します。

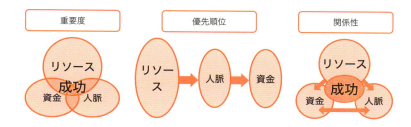

　前節で「図化」と「図解」は、明確に区分けされていると言いましたが、図化の技術で大切な重要度、優先順位、関係性の3つは、図化や図解に限らず、視覚化することが大切です。

　ただ、3つの要素が用いられるアプローチは、図化ではアイデア発想など創造的な場面で活用されるのに対し、図解では正確に客観的に表現するときに活用されることで異なります。

------- ポイント -------
● 「重要度」と「優先順位」と「関係性」は図化する際の重要ポイントで、それぞれが情報伝達のクオリティを左右する

図化は全体と部分を同時に見る力を発揮させる

▶▶全体が見えることは自分の理解と発見につながる

　図化の最大の利点は、視覚的な効果による早い理解が可能になることです。図を通して自分が全体を再確認できるため、全体と部分の関係性がはっきりと見えるようになります。このプロセスでは、新たな発見やつながりに気づく場面が生まれることがあります。

　例えば、次の図を使って「ものごとの全体」を表現したとしましょ

49

う。図を見渡すことで、「1〜5の全体」が「A〜Eの全体」、そして「a〜eの全体」とどのように関係しているかが視覚的な気づきとともに明確になります。また気づきの一例として、図化したことで「C」という要素が浮かび上がり、それが全体の中の関連性のある部分であることに気づくことができます。

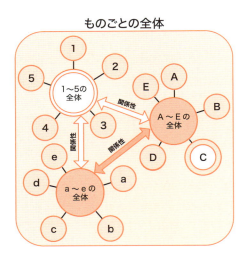

ものごとの全体

図化は単に情報を視覚的に整理するだけでなく、それによって新たな認識が得られるプロセスです。特に、全体のイメージをもちつつも具体的に視覚化することで、自分自身でその全体と部分を再認識する効果があります。これは「全体」と「部分」を同時に捉えることができる貴重な機会を提供します。

この全体と部分を同時に表現する図化による再認識は、以下のような効果があります。

●**全体と部分の関係性をつなぐ効果**➡図化は無意識レベルでの関

係性を明らかにし、全体の構想と個々の部分がどのように連動しているかを理解する手助けをする

● **「木を見て森を見る」の俯瞰の効果** ➡ 全体を視覚化することで、各部分を見つつそれらから構成される全体を同時に捉えることが可能。これにより、より大きな文脈で情報を理解することができる

● **視点を増やす効果** ➡ 全体と部分が相互に関連しているのを認識することで、隠れていた部分や新たなつながりが明らかになり、全体の理解を深めるための視点が増える

上記の効果は、**「全体が部分の総和を超える」という「創発」が起こり得る図化の特徴**でもあります。

---------------------- **ポイント** ----------------------
● **全体と部分がどのような関係にあるのか図化することがものごとの関係性を可視化できる力になっていく**
● **図化は「創発」を起こすプロセスをつくることができる**

人はバランスがとれて安心する生き物

▶▶バランスが悪いと違和感を感じることとは？

人間は本能的にバランスの取れたものに惹かれます。 これは、地球上で生活する私たちが重力という自然の法則に慣れ親しんでいるためかもしれません。重たいものは下に、軽いものは上に配置されるという感覚は、我々の安定感やバランス感覚に深く関わっています。

例として、次の2つの図を比較すると、どちらがより安定感を与えるかが明らかになります。左の図は、必要な要素がしっかりとし

た土台の上に配置されており、安心感を与える構造になっています。
　一方、右の図は土台が不安定で、上に行くほど大きくバランスが悪く見え、将来への不安を象徴しているかのようです。このような視覚的な差異が人々の感情にどのように作用するかを理解することは、図をデザインする際に重要です。

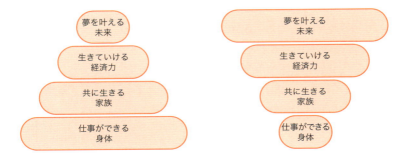

　次に示す図では、左上の円が空白であり、それが「大切なこと」と記された周囲の円との間で違和感を生じさせます。この空白は、見る人に何かを埋めるよう促す効果があり、その人の思考を刺激します。脳は自然とバランスと完成を求めるため、自動的に空白を埋めるアイテムを考え始めるでしょう。

いまなぜ伝わる図化力が必要なのか？　**第1章**

　このように、意図的な空白を設けることで、アイデアやひらめきを引き出すための「余白」として利用できます。これは次章以降で詳しく説明していきます。

　図化は、人々が共感しやすい心理的効果をもたらし、効果的な非言語的コミュニケーションツールとして機能します。図のデザインにおいては、人間が自然に求めるバランスを意識して取り入れることが、共感を呼びやすくするためにとても大切です。

```
-------------------------ポイント-------------------------
●人が自然にバランスを保とうとする傾向を図のデザインに
　取り入れることが効果的
```

右脳と左脳を使ってデザインできる図化力

▶▶右脳と左脳を使い分けて表現する図のもつ力とは

　「図解」は、結果を的確に図式化し、論理的思考のプロセスをサポートする手法として主に位置付けられています。このアプローチは、迅速かつ正確に全体像を描き出すための「解答」のような役割を果たします。まさに左脳を活かすプロセスです。

　一方で、**「図化」は右脳を活用した直感的なプロセスを取り入れ、アイデア創出やひらめきを伴いながら、関係性を可視化して共有するスキル**です。これにより、表現の幅が広がり、より個性的なコミュニケーションができます。図化も人によっては感情やストーリー性

53

をもたせたものも創出されるでしょう。

　図化と図解は目的に応じて互いに活用することができます。この図化の技術を学ぶと、**図化と図解のどちらにも有効なスキル**として活用でき、適切に使い分けることで、視覚的なコミュニケーションを強化できます。

▶▶どのような人に向いているのか？
　以下のような課題をもつ人にとって、図化力は有益です。

- ●頭の中のモヤモヤした思考のイメージを明確にしたい
- ●さまざまな生活行動に関わることを解決したい
- ●自分のしたいことを明確にして行動したい
- ●ビジネスのアイデアをアウトプットしたい

　上記の課題は、頭の中を整理して可視化する必要があります。要するに明確に言語化されていない思考を可視化するツールとしてこの図化の技術は役に立ちます。このとき右脳を使い発想やひらめきを伴いながら進めます。全体構造化していくには、さらに左脳を使った論理的組立てが有効で、図化により形になっていきます。

　まとめとして、これから説明していく図化の技術を使った視覚化メソッドは、次のようなフロー図の方法で進めていきます。

いまなぜ伝わる図化力が必要なのか？　第1章

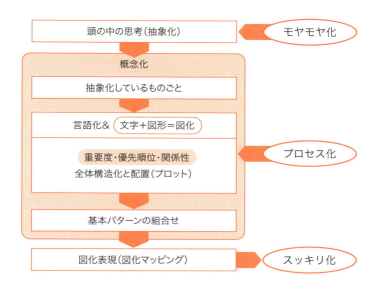

　図化の技術は、ロジカルな図解アプローチだけでなく、右脳を活かしたクリエイティブなアプローチを志向する人に有効です。

第2章

関係性をデザインすることが図化の本質

あらゆる世界でデザインが求められている

▶▶デザインはデザイナーの世界だけではない

デザインとは、目的を設定し、計画を策定し、他者が理解できる仕様で表現する行為を指します。これは設計や意匠、美術、造形の領域に限らず、多様な分野で重要な役割を果たしています。デザインの適用範囲は広く、日常のあらゆる問題解決のプロセスにも応用されています。

本書で紹介する「視覚化メソッド」は、建築プロセスを応用した一般的な仕事や生活での図化表現のプロセスとしてのデザイン行為です。この手法は、さまざまな分野での活用が可能です。

ビジネス界では、「デザイン思考」が広く普及し、一般的な行為として認知されつつあります。

デザイン思考： デザイナーやクリエイターが業務で使う思考プロセスを活用して課題や未知の問題に対し最適な解決を図るための思考法

既にデザインは、デザイナーの特権ではなく、多くのビジネスプロフェッショナルによって利用されています。

▶▶デザインは本来創造的なプロセス

デザイン思考は、製品開発やサービス開発の際の課題解決だけでなく、新しい目的を創出し、創造的なプロセスを見出すためにも用いられます。

図化表現のすべてがデザイン行為ではありませんが、**日常やビジネスの活動を図化すること自体がデザイン行為**と捉えるとすると、デザインは本来創造的なのです。

今後の社会は、創造的で主体的な人材を求めています。図化というデザイン行為を通じて、**誰もがデザイナーとして社会で活躍する可能性**をもっています。

図をデザインすることが図化です！自分らしい表現をして楽しみながら活躍しましょう！

------------------------ ポイント ------------------------
- デザインは本来創造的なプロセスである
- デザイン思考はデザイナーだけのスキルではなく、多くの人にとって有益なスキルとなっている

関係性をデザインすることが図化のすべて！

▶▶日常はすべて関係性で成り立つ！

日々の生活や仕事で行動するときや計画を立てるときなど、スケジュールや関わる人々、ものごとの関係性を可視化しておくことで継続した行動がとりやすいです。

自分だけで行動する分には特に予定や計画をアウトプットする必要はないかもしれません。ですが複数の人が関わる場合、何かしら伝達共有していく必要があります。

計画を立てて実行に移す際、計画そのものをデザインし、関係性を整理して共有することは非常に効果的です。このプロセスを日常の一部として取り入れることで、毎日がよりスムーズに進むでしょう。例えば、紙に図を描いて人に見せることは頻繁にはないかもしれませんが、自己理解や整理のために自分自身で図を描くことは大いに役立ちます。

毎日の生活で関係性をつくっていく行為は、計画やアイデアの**「関係性のデザイン」**として捉えることができます。これにより、人とのつながりなどが明確になり、より効果的なコミュニケーションが可能になります。

建築における「関係性のデザイン」は、造形と機能が結び付き、美的感覚と人々の行動が調和します。

生活や仕事での「関係性のデザイン」は、人とのつながりや動きが理解しやすい形で表現されます。

これには図化や図解化が大きな役割を果たします。

▶▶関係付けながら表現して自己理解にもつながる図化

「はじめに」では、自己紹介の方法とその構造の違いについて触れました。ここでは、要素の関係性をどのように組立て配置するか、そのポイントを詳しく説明します。

私たちは日々、多くの活動を時間という枠組みで計画します。その計画を図化する際、ただ事実を列挙するだけでなく、それらの関係性をどう表現するかが重要です。下の図では、ただのリストとして時間ごとの活動が羅列されており、全体の流れやその人の時間の使い方が伝わりにくくなっています。

> 平日昼は仕事オンリー
>
> 平日夜は地域活動か家庭
>
> 平日夜は自己啓発など学びも
>
> 休日は地域活動とライフワーク
>
> 休日は趣味や家族の時間も
>
> 時間の空いたときには、未来の計画も考える

次に示す図は、時間の関係性を意識して配置したものです。この図は、未来を見据えた時間の使い方を考えながら作成されています。平日と休日を区別し、それぞれの目的に応じて活動が配置されています。特に、「未来の計画の時間」を中心に据えることで、この人

の時間管理の中心軸が明確になっています。またこの裏側には「未来の計画を起こすことが幸せにつながる」という意図が隠れています。さらに、図化の過程で「余白の時間」を設けることの重要性に気づくという新しい発見もありました。

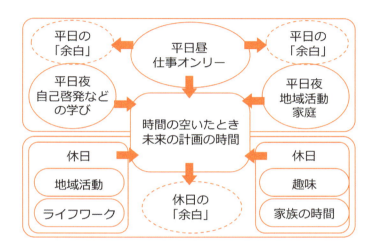

この図化を通じて、描いた本人が自分の時間の使い方とその**意図を再確認し、意図的に「余白」をつくることの価値を理解**した点は重要です。この自己理解は、図を用いて他人とのコミュニケーションを図る際にも役立ちます。他の人がデザインのすべてを理解することは難しいかもしれませんが、本人が自分の意図を明確にもっていれば、より効果的に意見を共有できるでしょう。

このように、図化は自己理解と意図の明確化につながり、気づきを得て、それをもとにした効果的なコミュニケーションのツールとなり得ます。

```
┌─────────────── ポイント ───────────────┐
│ ● 関係性をデザインすることは意図、意味付けも同時に表現で │
│   きる                                                     │
│ ● 図で考えることが自己理解につながり、伝えたいことを視覚 │
│   化する手助けとなる                                       │
└─────────────────────────────────────────┘
```

要素を整理することが図化の始まり

▶▶関係性はまず要素の整理から始まる

　新しい企画をゼロから形にする際、さまざまなプロセスを経て実現されます。これらのプロセスは、複数人のプロジェクトとしてメンバー同士の共有が必要とされる場面を含んでいます。たとえ個人プロジェクトであっても、自分でアウトプットして自分と"共有"することは有益です。

　例として、あるお店で健康測定器具を導入する新規プロジェクトを考えてみましょう。

【コンセプトワーク】

　プロジェクトの計画や構想を練る際、まずはコンセプトの策定から始めます。コンセプトは「全体を貫く基本的な観点や考え方」であり、プロジェクトの方向性を定める骨子となります。
　図化プロセスにおいては、このコンセプトを中心部分に配置し、周囲の要素との関係性を考慮し、全体構造を意識しながら組立てていきます。

【コンセプトワーク】

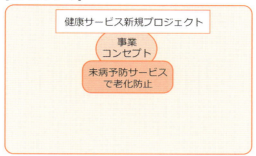

【全体構造　図案作成のための要素整理】

　コンセプトに基づき、テーマに合致する要素を抽出し、ラフなプランを構築します。この段階で、メインとなる要素とその他の要素との関係性や位置付けも同時に検討します。

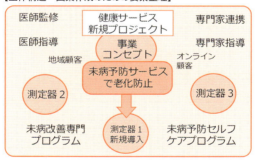

【基本プラン　関係性構築】

　全体が見通せるようになり、自身と関係者間での共有認識が形成されたら、基本プランを具体化します。このプロセスを通じて、1回でまとまらなければ、さらに必要な要素の精査や関係性の再構築

を繰り返します。各要素の配置や位置付けの作業によって新たな関係性を見出し、プランを洗練させます。

【基本プラン　関係性構築】

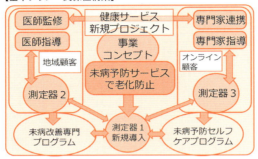

　要素の整理は図化とともに行うことで視覚的に確認できて、思考プロセスを明確に進めていくには効果的です。確認作業が思考とともにできることは大きな利点です。

------ ポイント ------
● 図化のための要素の整理と配置は、自分の思考やプランを確認するためにとても有効

関係性をつなげることこそ
クリエイティブな図化プロセス

▶▶関係性が可視化されるからこそ
クリエイティブな思考が活性化する

前節では、要素の整理を経て、思考とアウトプットのプロセスを

関係性をデザインすることが図化の本質　第2章

繰り返し、関係性構築の全体構造を図化してきました。

　次は基本プランを形づくり、それをどのようにビジネスのサービスやシステムと連携させるかを考え、ビジネスプラン全体の仕組みができるかを構図の枠を広げながらアウトプットしていきます。

　このプロセスを通じて、サービスとしての仕組みが明確になり、事業モデルの図式化や、事業の方向性、外部との連携、内部機能といった要素を図化していきます。

　そうして形成された図化の一例が次の図です。

　この図は、事業モデルを可視化して仕上げました。図化プロセスの中でアイデア創出を行いながら作成されています。これはクリエイティブな思考で行われたプロセスと言えるでしょう。

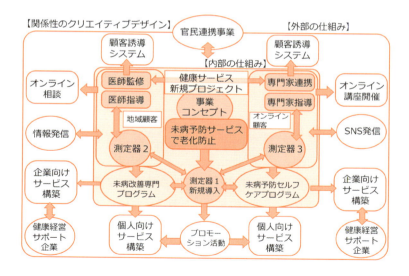

　このように図化プロセスにおける関係性が可視化されていかない

65

と、新たなつながりはなかなか思い付かないものです。人の思考能力ってとても視覚効果を活用していると言えませんか。

クリエイティブな発想や行動は、白紙から突然生まれるものではなく、さまざまな関係性を可視化し、そこからヒントを得て新しい仕組みを構築していくものです。

建築の企画においても、敷地という全体領域内で与えられた条件や法規制などの多様な要素をクリアしながら形にしていくプロセスは、クリエイティブな行動そのものです。

私がこの発想やプロセスを展開するのは、建築の企画でも同様だからです。

------------------ ポイント ------------------

● クリエイティブな行為はプロセス自体も含まれる

相関性をデザインして共有できることが本質

▶▶ **相関性は関係性をデザインするための重要な特性**
関係性を図式化し、可視化することがクリエイティブな図化プロセスの要点です。

前節で取り上げた事業モデルの可視化では、図解化して関係性をより正確に示しました。矢印を活用して、一方向または双方向の関係性を明確に表現することで、事業モデルの相互作用が視覚的に理

解しやすくなります。

　このような相関性を図解する際には、どの要素がどのように影響を与えるかを示すことが非常に重要です。

　ここで少し住宅の企画を事例としてお話しましょう。住宅の間取りは、単に建物自体の設計によって決まるわけではありません。内部環境だけでなく、外部環境も考慮に入れた上で住宅の外観が形成されます。住宅の建物と外部環境との間には、明確な相関性が存在します。

　これを次の図のように図化することで、住宅の各要素がどのように相互に影響し合っているかが視覚的に捉えやすくなります。

　住宅要素の関係性を表現した図化は、それぞれが相関性をもって成り立っていることを意図したものになっています。

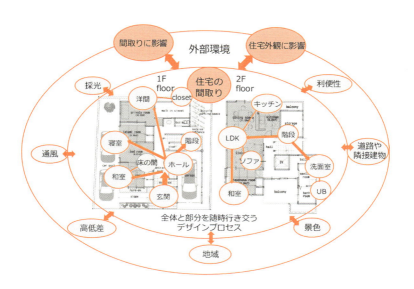

さらに、立体図での表現は相関性の理解を助けるために有効です。
例えば下の図のように、窓の配置は、周辺環境を考慮しながら計画されます。外部の環境を取り入れることにより、窓は単なる開口部ではなく、その住宅が立地するコミュニティや環境に対して積極的に開かれた存在となります。窓からの眺望や光の取り入れ方によっても、住宅の住み心地や機能性が大きく変わります。

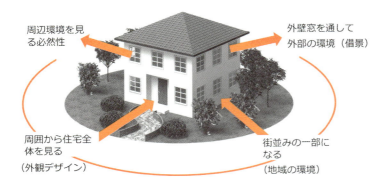

これらの関係性などを矢印などで図示して、相関関係を表します。**一般の仕事や生活行動の図化などでは、相関関係を表現するのに、矢印に言葉を添えることも多い**です。

この方法により、各要素の相互作用が明確に伝えられ、理解しやすくなります。住宅の例を通じてみると、ものごとの関係性を図式化することで、それぞれの相関性がより明瞭に表現され、伝えたいメッセージが効果的に伝わることが分かります。

----ポイント----
- 相関性はそれぞれの関係性がどのように互いに影響を及ぼすかを表現し、理解を深めるための重要な要素

全体を俯瞰すると部分との関係性が見える

▶▶全体と部分に視点をあて構造を理解する

全体から部分を見たときの違いについて少し説明します。

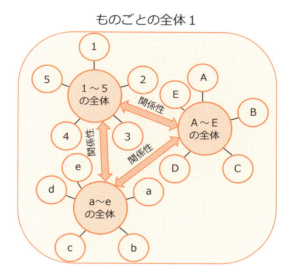

ものごとの全体1

上の図では、全体図の中に集団1～5、集団A～E、集団a～eが描かれており、それぞれの集団は「部分の全体」としての中心存在をもっています。この3つの集団は中心存在を通じて関連している構図が示されています。

一方、次の図では全体構造は3つの集団が示されているのは同じですが、要素が各集団の内部に配置されています。集団1～5、集団A～E、集団a～eがそれぞれ「全体」としてまとまり、構成された3つの全体がそれぞれの関係性をもっています。

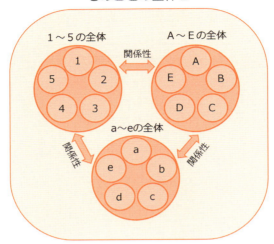

　少し抽象的なので、住宅の間取りを事例として説明します。次の左図（パターン1）と右図（パターン2）は、間取りは同じです。ですが、パターン1の方はこだわりがあり、ＬＤＫのソファーを中心として、その他の食卓やキッチンとつながっている構図を表しています。その他の部屋の床の間や、化粧台についても同様です。こだわりの材料を中心に強調した部屋が、住宅の一部として、そのつながりを明確に図化されています。

　一方右図のパターン2では、住宅の部屋を構成するＬＤＫと和室と洗面室のそれぞれの関係性に加え各部屋にはさらに部分としての機能を有する説明図になっています。
　この違いは、パターン1は「ものごとの全体1」図、パターン2は「ものごとの全体2」図に対応しています。

関係性をデザインすることが図化の本質 第2章

住宅の間取り（パターン１）

「部分の中心」にしたいこだわりからみた全体と部分の関係性

住宅の間取り（パターン２）

機能からみた全体と部分の関係性

　同じ全体構造を示した図でも、その中の部分要素の扱い方が違うと関係性も違うものになり、世界観や価値観も違っていることが伝わるのではないでしょうか。全体を俯瞰して見ることによって部分の違いも分かり、視覚効果が活きてくることが理解できます。

------ ポイント ------
- 全体と部分は相互に関係し、見方によって関係性の意味も変わってくる
- 全体と部分を同時に俯瞰して見ることで、部分の違いも理解できる

余白を意図的につくる関係性のデザイン

▶▶余白をつくることで新たな関係性が生まれる

　視覚的に分かりやすい住宅の企画を例にして説明します。計画す

る過程は楽しいものですが、余白を意図的に取り入れたデザインを考えるとき、その楽しみはさらに増します。

例えば、簡略化した下の図面の右下に配置された敷地内の余白部分を見てみましょう。この空間に何を配置するか予め決めてしまうのではなく、建築途中で設計者やお客様からインスピレーションが湧いた際に、何を創り出すか。それを共有して進めていける楽しさが待っていると考えるとワクワクしませんか。

「何か埋めないといけない」「埋めるために考えないといけない」などと思うのではなく、余白に隣接している「庭」や「駐車場」との関係性から、ひらめきを伴うアイデアを思い付いたりします。

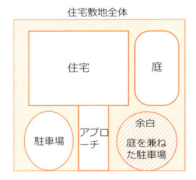

このような**非論理的なプロセス**を可能にするのが、「図化プロセス」です。このプロセスはクリエイティブな活動としての価値をもちます。

「余白」を活かしたプロセスは、この事例でも分かるように、**ストーリーを生みやすい**です。また余白を活かせたときには、**共感も得やすい**です。余白をつくる行為は、新たな関係性をデザインする行為と言えるでしょう。

関係性をデザインすることが図化の本質　第2章

ビジネスや生活でも、余白をつくり、そこにワクワクするアイデアがはまるのを待つというプロセスは楽しいのではないでしょうか。

ビジネスの現場では、通常、合理的で効率的な解決策を求めますが、建築やものづくりを通じて育った私からすると、余白を楽しむことにも大きな価値があります。余白を活かした遊び心は、ビジネスだけでなく生活においてもクリエイティビティを刺激します。

このような**ワクワクするアイデアを待ち受けるプロセスを、ビジネスや生活に取り入れることで、新たな可能性が広がる**でしょう。

このような感覚をもち合わせた**「図化プロセス」は、関係性のデザインを最大限楽しむ経験**としたいですね。

┌----------------ポイント----------------┐
● 余白を意図的につくることはワクワクを創出する
● 余白部分の思考でよりクリエイティブになる
└--┘

美しさに意味と機能をもたらすデザインとは

▶▶造形と機能を結び付ける関係性のデザインとは

ここで、建築の美学を通じて「関係性のデザイン」についての理解を深めたいと思います。

芸術分野のデザインは、もしかすると世界中で完全に理解できるのはそのデザイナー自身だけかもしれません。しかし、建築やビジネス、日常生活では多くの人が関与します。そのため、デザインは自分だけでなく、他の関係者や一般の方にも理解される必要があり

73

ます。特に、**美しさを追求する点が最も理解されるべき部分**だと思います。

美しさは全体像を見たときに感じるものかもしれませんが、細部に目を向けると、それぞれの「部分」が全体の美しさを形づくっていることが分かります。例えば、「窓の連続性」や「整列された列柱」は、ただの装飾的な要素ではなく、それぞれが機能的な役割をもっています。窓は室内の環境を調整するためのものであり、柱は建物を支えるためのものです。これらの**デザイン要素は機能をもちながら、美しさを際立たせており**、建築が「関係性のデザイン」として機能している一例です。

建築は、ただ機能を果たすだけでなく、美しさを追求することで、その空間を使用する人々にとっての価値を高めます。同様に、日々の生活や仕事の中で美しさを意識することは、生活の質を向上させ、創造性や満足感を促進することにつながります。

次になぜ、日々の仕事や生活にも**「美しさ」を取り入れた視点が必要**なのかをお話していきます。

------ ポイント ------
● 建築は美しさも追求しながら機能を満たすデザイン

自然の美にも当てはまる建築の美学には普遍的な効果がある

▶▶建築デザインの「美学」は普遍的な人間の感覚を追求

　建築における「美」は時代によってさまざまな形をとりますが、歴史を通じて中世のゴシック建築やロマネスク建築、ルネサンス建築など、代表的な建築様式が示す一定のパターンや「美学」が存在します。これらの様式は、時代を超えた普遍的な美の理念を体現しています。

　歴史的な建築は、一定の法則や秩序に従って設計されており、対称性や柱の配置、窓の連続性など、美しさを保持するためのパターンが見られます。これらのデザインは普遍的な人間の感覚に訴え、時間が経ってもその美しさが衰えることはありません。

▶▶**自然の美にも美学としての共通点がある**

建築に限らず、自然界にも普遍的な「美」のパターンが存在します。これらの自然のパターンは、直感的に美しいと感じさせるもので、人の記憶に残りやすい特徴をもっています。

自然や建築の「美学」に対するこの**共通の感受性**は、ほとんどの人が同じように感じるものです。この理解を視覚化のリソースとして利用することで、より効果的なメソッドを提案できます。

普遍的な美の要素を日常生活や行動に応用することは、人々の記憶に強く残り、長持ちする印象を与えるためです。これにより、日常生活の中でも美学を取り入れることの価値が高まります。

------**ポイント**------
● 普遍的な美の特徴を生活行動にも応用することは人間の感覚に訴える効果が要因

関係性をデザインすることが図化の本質　第2章

美しさの秩序と法則は人間の行動にも当てはまる

▶▶建築も人間の行動も視覚効果で可視化！

　美しさには、人工的なものであれ自然的なものであれ、秩序や法則が存在します。これが美しいものを美しく見せる理由です。この視覚効果は、**人間の知覚的特性**に基づいており、社会で視認性の高いグラフィックデザインが成功しているのも、**人々が概ね同じ方法で視覚情報を処理するため**です。

　この**美しさの秩序と法則を人間の行動に適用**し、視覚的に図化することで、建築や自然の美学に見られるような視認性を表現することが可能になります。

　ものごとをつなげる際には、意味があり、理由があります。そして、それが視覚的に美しく表現されると、より強い関係性を示すことにつながります。図化は、美学を取り入れた人間の知覚に反応するデザインであり、関係性を視覚的に示す表現です。

　美の要素を関係性のデザインに取り入れることで、人との共有が容易になり、より深い理解と共感を促すことができます。

------------------ ポイント ------------------

● 関係性のデザインに美の要素を取り入れることで人と共有し
　やすくなる

77

第3章

学ぶと思考と行動が変わる図化の方法

「文字」と「図形」を組合せる視覚的な意味をもたせる方法

▶▶文字を図化してアイコンとして活用

文字をより視覚的に伝えるためには、**「文字」と「図形」を組合せて「図化」することが効果的**です。

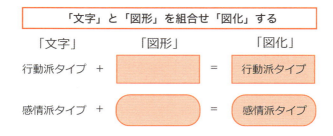

上の図のように、文字を図形で装飾すると、より直感的で分かりやすく、アイコンとして視覚化できます。

例として、「行動派タイプ」と「感情派タイプ」の人を比較した場合、図形を使うことで、「行動派タイプ」は硬く、「感情派タイプ」は柔

らかいイメージが伝わりやすくなります。

▶▶四角と丸と三角をアイコンとして活用する

　下の図のように、四角や丸の図形を使って図化するだけでも、十分な視覚効果を得ることができます。さらに、イラストや絵を加えることで、より分かりやすい表現になる場合もあります。自分でアレンジして、オリジナルのアイコンをつくることもおすすめです。

　また下の図のアイコンのような意味合いを含む図形でより意味付けするのも有効です。

　ですが、図化の目的はこのアイコンの要素とその関係性を可視化することにあります。ですので、シンプルな四角や丸の組合せでも十分に役立ちます。まずは基本を習得し、次章以降でより高い視覚効果をもつ図の作成方法を学んでください。

▶▶図化の違いによる視覚的な効果

　図化されたアイコンは文字を伴っていますので、意味のある図になっています。

このアイコン化された図は、【大きさ】【距離】【関係性】などを視覚化することで、要素間の相関性を図示できます。ここでの「アイコン」とは情報のかたまり（チャンク※）と捉えてください。

※チャンク：「かたまり」や「まとまったもの」という意味

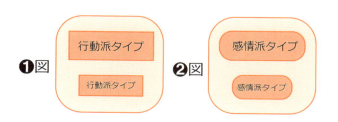

❶と❷図は、【大きさ】を比較した図ですが、❶図では上の行動派タイプの方が下の人物よりも力強く行動しそうなイメージがあり、❷図の上の感情派タイプの方は、下の人物よりも感情がより優位かつ前面に出るイメージがあります。これは比較により視覚的イメージができる例ですが、❸図のように異なる要素の比較ではイメージが伝わりにくいことが分かりますでしょうか。

❹図は【距離】を視覚化した例ですが、アイコンの配置によって、それぞれの人物の距離感が異なります。上のタイプの人同士は、下のそれと比較して距離が遠いため、関係性がやや希薄に感じさせるものとして表現されています。

❹図

今度は同じサイズ・形状の4つの要素を並べたときの【距離】による関係性の強弱について見てみましょう。A〜Dは遠いか近いかの配置が違うだけで関係性の強弱が見えてきます。❺図では強弱はぼんやりとしています。❻図は矢印で相関性を可視化していますので、A〜Dの関係性が明確になり強弱もはっきり見えてきます。

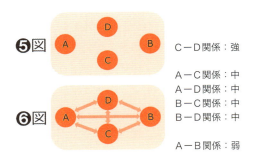

そして❼図と❽図は、【関係性】を比較した図になります。❼図は上下で異なる関係性を表現した図化例です。一方向の関係や双方向の関係という矢印で相関関係を明確に表現できます。なお矢印の用い方は、必要に応じて相関性の図示が分かりやすいです。

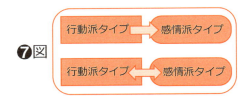

❽図は、上のタイプの方同士は共通の接点があり、下のタイプの方同士は接点が無いように感じます。図を見てお分かりのように比較対象があるからこそ、伝えたいイメージを可視化できるのです。ただ、前の図より相関性は分かりづらい表現です。

では少し自分の目で体感してください。下の4つの図はどのような違いに見えますか。各図の見た目をイメージしてください。

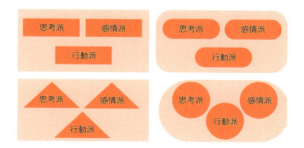

図形の形が違うだけで見た目の感じる印象もかなり違ったのではないでしょうか。

これらの基本的な**視覚効果を特性として理解**してください。要素としての「文字」を図で視覚化していくときに、それぞれの関係性を配置して表現していきます。

- 大きさ：重要度の大小を表すイメージとしての意味付け
- 距離　：関係性を表すイメージとしての意味付け
- 配置　：優先順位を表すイメージとしての意味付け

図化は記憶に残りやすい表現の方法

▶▶文字を修飾すれば見違える！

文字と図形を組合せた図化は、単なる文字だけの表現と比較して、明確な違いを表現しやすくなります。文章だけではなく、図形を併用することで、印象が大きく変わります。

図化は記憶に残りやすい方法 ➡ 図化は記憶に残りやすい方法

文字は図形として認識しにくい ➡ 文字は図形として認識しにくい

上の例で示したように、文字だけで表現した左側と、図形を組合せた右側を比較すると、右側の方がアイコンのような形状になっており、記憶に残りやすいです。これは人の視覚効果を利用した表現方法で、文章だけでなく図形を使用することでより覚えやすくなります。例えば、英単語を覚える際に、形や意味が似ているもの同士を図形でグルーピングすると覚えやすいですよね。

------------------------- ポイント -------------------------
- 記憶に残すには図化して覚えることが有効
- 図形を利用してグループ化すると覚えやすくなる

図化は確認作業のできるアウトプットの方法

▶▶視覚効果で活きる図化の確認作業とは

日常生活で思い付いたことをそのまま話すと、ときに自分が何を

言っているのか分からなくなることがあります。はっきりと伝える必要がある場合、多くの人はまず箇条書きでアイデアを文章に落とし込みます。以下の図を参照してみましょう。

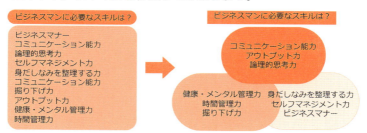

　左の図は単純な箇条書きですが、これだけでは情報がただ列挙されているだけに見えます。これに対して右の図では、重要なスキルを段階ごとに「まとめる作業」を行いながら視覚化しています。この視覚効果により、図化表現を修正しようと思った時点で、自分が何を把握しているかが明確になります。**このプロセスを繰り返すことが、効果的な確認作業**となります。

　図化されたアウトプットは、言葉と違って何度も確認できるため、修正が容易です。また、**図化された情報は１つのチャンク（かたまり）として記憶に残りやすく、情報整理に役立ちます。**

　いったん図化されたものは、話し言葉と異なりアウトプットしたものを何度も確認できるので修正が効く良い手がかりになります。

▶▶確認作業は頭の中を整理していく有効なプロセス

　生活や仕事で、多くの情報は会話を通じて処理されますが、頭の中で絶えず整理を行う必要があります。会話はその場で修正や訂正が可能ですが、プレゼンや説明、スピーチでは図化を利用したメモを作成し、**視覚的に整理される確認作業を行えば、情報を的確に伝**

えることができます。

------ ポイント ------
- 図化は記憶や理解を促進する確認作業の１つ
- 頭の中で整理する代わりに、図化を活用してメモとしてまとめ、確認作業を行うことができる

全体領域を作成し要素を配置する図化の方法

▶▶領域があると全体が把握しやすい

　図化する際の効果は、アウトプットする紙面への表現方法によって大きく変わります。下の左図を見ると、図化の周囲は漠然とした空白の背景のように感じられます。しかし、中図のように枠を施すと新たな領域が生まれ、右図のようにその領域に図化すると**「余白」**としてのエリアが形成されます。

図化のバックは背景化　　全体枠（境界枠）を設けて領域化　　全体枠（境界枠）と図化の間は余白化

この「余白」は、右脳を刺激して直感的にアイデアを引き出すの

に効果的です。心理学では、このような余白が存在すると、脳がその空間を埋めようとするザイガニック効果※がはたらくとされています。左図の場合には背景を余白として認識しにくく、背景や空白を埋めたくなる心理効果ははたらきにくくなりますが、この効果を活かすと、右図のように余白として認識できることで、より**創造的な発想**が促されます。

※心理学者ブリューマ・ゼイガルニクが提唱した心理現象。ゼイガルニク効果とも言う。

またこの図例は余白をうまく使う方法だけでなく、領域をつくる方法でもあります。枠が1つあるだけで、内と外の領域ができて境界が視覚化されます。

▶▶全体構図を描くときに領域を活用する

下の各図では、四隅の要素が異なる関係性を示しています。左図は自分にとって重要な項目同士の関係性の距離感を表していますが、右図では領域の内外を示すことで、それが自分の領域の外部の事柄だと表現しています。枠を使うことで、内外の領域を視覚的に明確にし、伝えたいメッセージのニュアンスを変えることができます。

 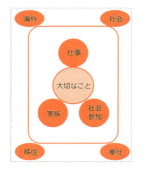

▶▶ひらめきを誘発する余白の力

　何か新しいひらめきを得たい場合、**余白の心理効果**を積極的に利用しましょう。**意図的に余白を設けることで、右脳の活動を促し、潜在的なアイデアを引き出すことができます。**余白は単なる空間ではなく、それ自体が意味をもつように設計することで、**つながりを視覚化し、ひらめきを誘発する効果**をもたらします。

　ひらめきの起こし方については、第5章でさらに詳しくお伝えしていきます。

ポイント
- 余白の力は人の潜在力を引き出す
- 領域を視覚化することで内外を意識し、より明確に情報を整理できる
- 余白の力は要素をつなげていくプロセスをつくり、ひらめきを誘発する

意味ある領域を生み出すグルーピングの方法

▶▶グルーピングは意味をもたせるために行う

　ものごとを整理し、表現したい要素をどのようにレイアウトするかは、全体の構成において非常に重要です。頭の中にある項目を配置する際、適当に思い付きで配置することは避けます。代わりに、自分自身で意味をもたせたグループごとにエリア（領域）を区分し、そのエリアに項目を配置していくことで、全体の構図が明確になっていきます。

　例えば、以下の図は全体枠の中に領域をつくり、それに基づいてものごとを配置する方法を示しています。

 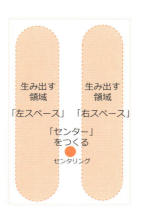

　まず、レイアウトを行う際には**「センタリング※」**という行為を通して、中心となる部分を決めます。これによって、全体の構図に対するイメージが形成されます。「センタリング」は、具体的には目に見えない点を中心として想定し、その周囲に領域をつくるプロ

セスです。図化する際に、実線で境界を引くわけではありませんが、自然と見えない線で領域を区切るような感覚が伴います。

※センタリング：ものごとの中心になる部分に配置する行為。必ずしも中央に位置するとは限らない。その周囲には領域（エリア）ができる。

　前の左図では、上下に領域を設けた例が示されています。上部の大きな領域がメインの内容で、下部の領域がサブとなっています。この右図では左右に領域が分かれています。このように、上下や左右に領域をつくることで、異なる要素の配置が可能となります。

　さらに下の図のように、これらの領域を組合せることができます。ここでポイントとなるのは、実線を使って領域を分割するのではなく、センタリングによって配置するということです。実線で分けると、つながりや関係性が損なわれる恐れがあるため、あえて線を引かず、柔軟な配置を行います。

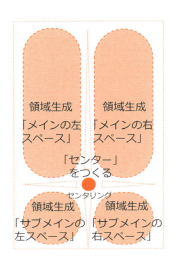

次に、センタリングを実践した例を見てみましょう。次の図では、中心部分に「大切なこと」というキーワードを配置しています。その周囲には、領域ごとに関連する言葉がグルーピングされ、配置されています。このようにして、全体の構図を考えた上で意味のある配置が行われています。

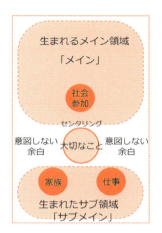
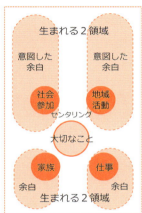

この例では、中心に言葉を配置しましたが、必ずしも中心にテーマ的な言葉を置く必要はありません。状況に応じて、配置する内容を柔軟に考慮しながら進めることが大切です。

また、領域をつくる際には、余白を意識することが重要です。余白があることで、後から関係のある新たな言葉を配置する余地が生まれます。これにより、ものごとが整理され、さらにひらめきが生まれる可能性が高まります。

次の図は、つくった領域の余白に各項目の要素を書き込んだものになります。

　この領域の重要性は、単にエリアを分けて配置するだけでなく、意味のある要素を配置し、それらを結び付ける意図をもたせることです。これによって、全体を構造的に整理し、統合していくアプローチがとれることは重要です。

----------ポイント----------
● 領域を設けることで、グルーピングの意味が明確になる
● センタリングは、領域をつくるプロセスであり全体構造を決めていく配置のための重要なステップ
● 領域を考える際は余白も重要で、新たなひらめきを生む助けとなる

全体領域の内外を可視化して視野を広げる方法

▶▶**全体を構造化する際、領域の内と外（枠の内外）を可視化する**
　図化する場合、次の図のように境界線（全体枠）の内側を「内領

域」として捉えることができます。一方で、枠の外側にあるものも無視するのではなく、**「外領域」**という、別のエリアとして認識することが可能です。

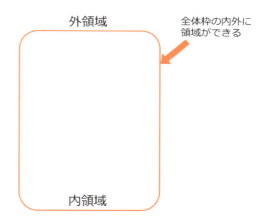

　ものごとの外側を、無視する部分と考えるのではなく、外領域として捉えることで新たな思考が生まれます。実際、この外領域は、どのようにものごとを見たり捉えたりするかによって、変化していきます。これはあらゆる状況に適用できる柔軟な思考法です。

▶▶全体領域内外の可視化は考え方次第！

　ビジネス構想を考えるとき、自社の事業領域を検討する際には、さまざまな環境や条件、そして将来の動向も考慮する必要があります。例えば、最初は地域事業に限定していても、いずれオンライン事業の展開や、海外進出も検討するかもしれません。こうした状況を視覚化してみると、次の図のような一例が想定できます。

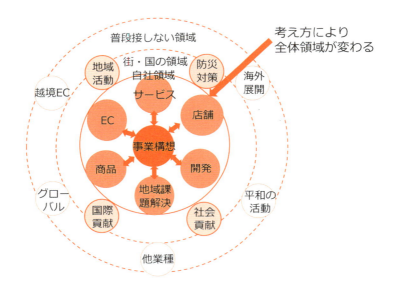

　この図は、事業に関連する一般的な項目の関係性を示しています。それぞれの用途がどのように機能的に関わっているかを視覚化し、事業計画を立てる際には、これらの要素をさらに細かく分解して、具体的な計画図に落とし込んでいく必要があります。

　また事業の進展に応じて、点線で二重に表示しているように全体領域が変化するタイミングがあることが分かります。さらに、将来的な事業構想も表現されていれば、全体領域の内外を可視化しながらビジネスの成長を図るための指針を共有できるのです。

-----ポイント-----
● 全体領域の内外をどのような視点で捉え、視野を広げて考えるかが重要

学ぶと思考と行動が変わる図化の方法　**第 3 章**

全体構造を把握できる人の思考法

▶▶常に全体構造を意識することの重要性

　ビジネスや日常生活において、余裕をもって行動できる人は、全体を見渡す力をもっています。逆に、余裕がない人ほど、目の前のことだけに集中してしまい、全体が見えていないことが多いです。

　本書で紹介する図化の技術は、単に全体構造を図にするためのツールではありません。多様な場面で役立つメソッドであり、思考を整理するためにも有効です。日頃から全体構造を意識して見渡す「全体思考」を身に付けることが、非常に重要だと感じています。

　全体構造を考えるためのポイントは次の通りです：

- ●全体と領域（エリア）を意識しながら、直感も活かしてアウトプットを繰り返すことで気づきと把握を得ていく
- ●ものごとの関係性を図化しながら全体構造化していく

▶▶図で全体構造化ができれば、頭の中は整理されている！

　全体構造を把握できる人とは、ひと目で全体を俯瞰できる能力をもつ人です。彼らは、全体構造を説明するだけでなく、それを表現し、アウトプットする力ももっています。さらに、全体構造を図に表すことができる人でもあります。

　「優れた成果を出しているあの人の頭の中を見てみたい」と思ったことはありませんか？　そのような人は、自分の行動計画を的確

かつ無駄なく進めています。おそらく、その人の頭の中では、すべてが図化されており、常に全体を俯瞰し、必要に応じてものごとを結び付けたり、整理したりしているのでしょう。

　このような能力は生まれもった才能かもしれませんが、視覚化メソッドを日常生活や仕事、社会活動の中で活用すれば、図化の技術は誰にでも身に付けることができます。

-----------------ポイント-----------------
● ものごとの全体構造を理解し、頭の中を整理するには図化の
　 アウトプットが活きてくる

第4章

要素と表現が直感で可視化できる図化の技術
【ツール編】

基本パターンは組合せるためのツール

▶▶図化表現はシンプルなパターンにする

　これから紹介する図化の基本パターンは、建築の美学を元にパターン化したものをベースに、ビジネスや生活での応用を目的として考案したものです。

　第2章で解説したように、図化の核心は関係性をデザインすることです。建築もデザインの一形態であり、図化のデザインと共通する要素があります。建築デザインには主に機能性と意匠性があり、その美しさを通じて価値が創出されます。

　例えば、次の画像の大聖堂の外観を見てください。下部には扉があり、中央には円形の窓（ステンドグラス）、そして両端には長方形の窓が配置されています。頂部には尖塔があり、建物全体としては調和のとれた外観をしています。

お分かりのように建築では、扉や窓といった機能を示す名称が付いたものがデザインになっています。機能的な扉や窓をデザインに取り込む必要があるため、建物全体のデザインとしてバランスを保ちながら、機能を維持することになります。

　ではこの具体的な写真を**抽象化**して、上の右図のようなシンプルな図にしてみましょう。この図は、左の大聖堂の写真を基にしていますが、写真を見た人には直感的に大聖堂のイメージが浮かび上がるはずです。この時点で人の知覚的なイメージは、シンプルな図形に意味を見出しています。

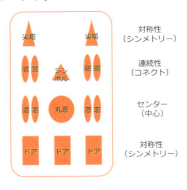

要素と表現が直感で可視化できる図化の技術（ツール編）　第4章

　このような視覚効果を生活やビジネスのシーンで活用するには、前の図のように建築物本体には記されていない説明文を図形に追加すると、形状とその機能、関係性がひと目で理解できるようになります。

　さらに、建築の美学を活かすと、視覚化や図化のスキルがさらに向上します。**建築の美学の応用**には、以下のような視覚化のパターンが派生します。

● 対称的に配置されたり、中心的な要素が強調されている図は、美しいと感じられる図化のパターンになりやすい
● 図形が整然と並んでいることで、その相関性が視覚的に明確になり、全体の構造が把握できる図化となりやすい
● 文字を含む図化表現では、意味、デザイン、相関性が同時に理解しやすい

▶▶美学と視覚効果を図としてパターン化する

　建築の美学は視認性を重視しており、部分的にも全体的にも美しさが考慮されています。先に建築物全体の抽象化と図化を示しましたが、この抽象化にはいくつかのパターンが組合さっています。

　このパターンを視覚化メソッドでは、基本的なツールとして用います。図化表現を行う際は、主に**8つの基本パターン**（図の型）を使いこなして表現します。次に、これらのパターンを1つずつ説明していきます。

99

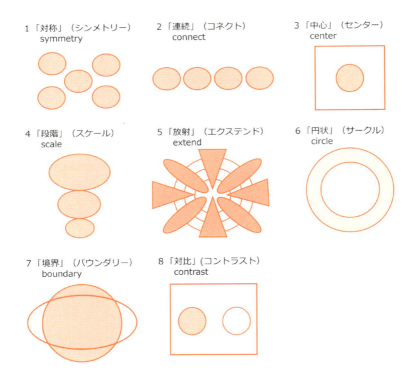

　図化プロセスでのアウトプットは、基本的には手書きで行います。パワーポイントなどのデジタルツールも利用可能ですが、頭の中の微細なニュアンスは手書きの方が表現しやすいためです。最終的な仕上げはデジタルでも構いません。

　スライドなどで図解化する際は、まとめ作業をデジタルツールで行うことが可能ですが、クリエイティブな作業に感じられるのは手書きの方が向いています。ワクワク感を得たい人は、まずは手書きでトライしてください。

1. 対称（シンメトリー）symmetry

▶▶対称な2つは同質性や親和性がある

「対称」というパターンは、同質性や親和性がある2つ以上の要素をもつ場合に効果的です。このパターンを用いることで、重要度や優先順位、相関性を明瞭に表現できます。

対称パターンの特徴
- 同質性や親和性を考慮して並列に配置
- 対称となる関係性は一対のみではない
- パターンを組合せてグルーピングできる
- 同義、同質、親和、同等などの差異の少ない要素を表現

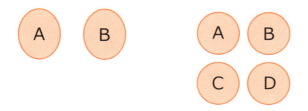

「対称」は図化表現の中でも特に視認性が高く、美学の一環として多くの建築物で採用されています。例えば、大聖堂のような建築物では、「対称」が最も美しい表現方法とされています。

対称デザインは記憶に残りやすいという特性もあります。日常生活や業務上で、「これとこれは同じだ」と感じる要素は対称パターンで表現することで、他者にもその関連性が明確に伝わります。

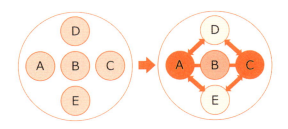

　上の左図のように、対称でありながら何と何の関連性を示しているのかが不明確な場合、色や濃淡、線、矢印を使用して視覚的につなぎ、関係性を明確にします。

　例えば、上の右図のように可視化された場合、図中のＡとＣはＢを介して同質性があると認識され、ＡもＣもＤとＥと同じ関係性があることが理解されます。

ビジネスシーンでの活用事例（図化を参照）

- ビジネスは基本的に理念に基づいて成り立っている
- ミッションやビジョンは、その理念がなければ成立しない
- ミッションがあることで具体的な計画を立てることが可能
- ビジョンがあることで目標設定が行える

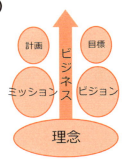

2．連続（コネクト）connect

▶▶連続パターンは最も活用できる

　「連続」というパターンは、他のパターンと組合せることが可能なシンプルなパターンであり、同質性のあるものを並べたりグルーピング

する際に多用されます。このパターンは、同質性や親和性をもつ複数の要素が存在する場合に、ひと目で理解できるように表現するのに適しています。

連続パターンの特徴
- 重要度や優先順位も表現可能
- ループ状に連続配置することもでき、円状での表現も可能
- 複数の要素が並ぶため、グルーピングがしやすい

この連続パターンは、ある項目を細分化して表現する際のツリー状態を示す場合などにも使用できます。

建築の場合では、内部と外部で用途が異なっても、外観上の「窓配置」に連続パターンが多用されることがあります。

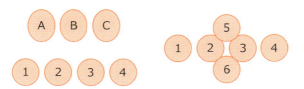

上の各図のように、要素が並んでいるだけの状況から、下の各図のように、矢印や番号を用いることで優先順位や順序、グループ化が明確になります。

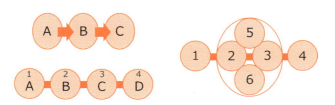

ビジネスシーンでの活用事例（図化を参照）

- ●ビジネスは基本的に理念に基づいて各要素が成り立っている
- ●ミッションやビジョンなど、会社の重要な柱が明確に並ぶことで、全体の方向性が理解される
- ●理念から派生してミッションやビジョンと常に並行して、目標や計画を考えるビジネスアプローチが効果的

縦並び、横並び、または斜めに配置するなど、相手に伝わるイメージ通りに表現することが可能であれば、「連続」の配置は他の全体とのバランスを考慮しながら検討することが可能です。

3．中心（センター）center

▶▶中心パターンはメリハリの効くパターン

「中心」というパターンは、新たに領域を構築する際のコアとなる部分であり、全体の領域から特定のエリアを分割する際にグルーピング手法としても使用されます。

このパターンは文字通りものごとの中心に位置し、レイアウト上でもエリアの中央に配置されやすいです。すべての要素にはその核

となる中心部が存在し、視覚的にも中央に置かれることでひと際目立ちます。

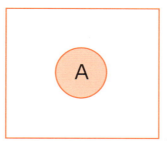

中心パターンの特徴
- 「放射」と「連続」といった他のパターンを「中心」と組合せて、視覚的な強弱を表現しやすい
- エリアを分けてグルーピングする際、各エリアに中心パターンを設けることが可能。

（下の図化のように）これにより全体から派生した各部分にそれぞれ中心部分が形成されます。

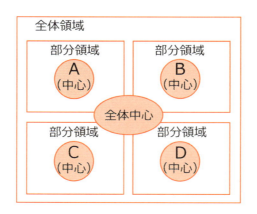

レイアウト全体を考える場合でも、「中心」は多くの場合、中央部に配置されます。また、中心パターンを起点としてさまざまな基本パターンを組合せて図化することができますが、下の２つの図のように視覚的に中心（センター）と識別されるデザインを示す技術も重要です。

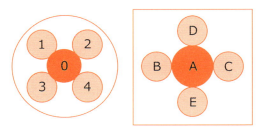

ビジネスシーンでの活用事例（図化参照）
- ビジネスでは理念が中心にあり、すべての活動はその理念に基づいて行われる
- 例えば、ビジョンをつくり、行動を起こす際にも、常にその理念に立ち返って計画する

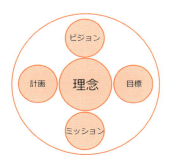

　全体の構造においては、その中心部が特に重要となります。視認性の観点からも、中心（センター）は最も重要なコアとして機能し、

ものごとを考える上での出発点となることが多いです。

4．段階（スケール）scale

▶▶段階パターンは行動を喚起させるパターン

「段階」というパターンは、重要度や優先順位、関係性を評価し、行動や思考につながりやすい特性をもちます。このパターンを用いることで、ものごとのステップアップや計画を効果的に表現し、思考プロセスを活発化させることが可能です。

下の図の例では、重要度を図形の大きさで示しています。左図では番号が進む順に重要度が増し、右図では番号が進むにつれて重要度が低くなることを視覚化しています。どちらの図も優先順位と重要度を視覚的に示しています。

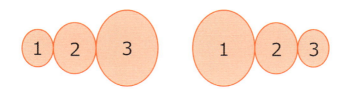

段階パターンの特徴
- 段階的に大きくなる場合や小さくなる場合を表現することで、それぞれのステップの重要性を明確にする。矢印や矢羽で補完することで、さらに明瞭に表現
- 「連続」は横並びで同質性のあるものが並ぶが、段階パターンでは各要素が順序立てて配置される
- 時系列的な進行や未来志向の概念を取り入れることが可能で、計画的な表現が行える

生活やビジネスにおいて計画や企画を立てる際、段階パターンを用いることで、頭の中が整理され、重要度や優先順位が明確になります。これにより、思考が進む状態を効果的に示すことができます。

ビジネスシーンでの活用事例（図化参照）
- 理念が明確であると、ビジョンやミッションの策定が容易になる（下の左図のように図化）
- 理念がしっかりしていると、ミッションやビジョンが具体化しやすく、目標や計画のブレが少なくなる（下の右図のように図化）

　「段階」というパターンは、この表現を共有して行動を喚起する意図があり、具体的な計画や思考のアウトプットに活用されることが望まれます。このパターンは特に左脳を活用して、より具体的な計画や目標設定に役立ちます。

5．放射（エクステンド）extend

▶▶放射パターンは拡散を示すパターン

　「放射」というパターンは、中心部分から広がりを示す場合に使

用される表現です。このパターンは「中心」パターンと組合せることが多く、中心部分の要素と放射の先の要素とを対比する際に特に効果的です。

放射のパターンの特徴
- 広がりをもつ要素を表現するときに可視化しやすい
- 円状と放射、中心と放射を組合せて使うことは多い
- 円状に放射パターンを描くと対称的表現で美しく見える
- 放射パターンが円状でなくても表現は可能
  （広がりを示す扇型に描くパターンもつくることは可能）

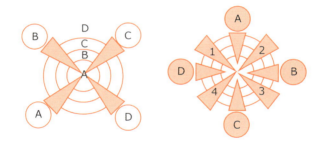

すべてのパターンに共通することですが、単一の要素だけではパターンとして成立しません。「対称」や「連続」も、複数の要素があって初めて表現できるパターンになります。「中心」も周囲に何かを示す要素があることで「中心部分」が際立ちます。

「放射」の場合、中心部に直接要素がなくても、拡散をイメージさせる要素があれば図化が可能です。

ビジネスシーンでの活用事例（図化を参照）
- ビジネスは理念をもとに1、2、3、4のような多方面に成長

する行動計画がつくれる
- ●理念を中心にして、目標やミッションとともに達成したいビジョンに向かって行動を展開

といったストーリー、組立てをさまざまつくることができます。

　基本パターンは要素を組合せて、そのストーリーを視覚化します。頭の中のイメージをストーリーテリングとして表現する際に、図化プロセスで思考し、視覚的に確認する作業を通じてブラッシュアップすることができます。特に企画や計画を考える際にこのプロセスは非常に有効です。

6．円状（サークル）circle

▶▶円状パターンは広がりと中心部分を示すパターン

　「円状」というパターンは、中心部分を強調したいときに頻繁に使用されます。形状はその名の通り円形であり、しばしば「中心」と組合され、円形ながら中心の図形は◆や▲などでも可能です。円状パターンは、複数の円を重ね合わせて「重なり」を表現する場合にも活用されます。

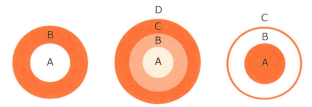

　上の各図のように円状パターンの種類は理論上無限にできます。ご自身のよく使うパターンを決め、繰り返し活用していくことが便利です。

円状パターンの特徴
- 円状は円同士を組合せて表現すると視覚的に分かりやすい
- 円状も他のパターンと組合せて使うことが多い
- 重要度や優先順位を表す場合に円の大小で表現可能なので使用頻度は多い
- 視覚化メソッドで重要なポイントである「センタリング」を表現する場合に特に多く用いるパターン

　●や■のような図形は視認性が高く、頻繁に用いられます。円形は角がないため、柔らかい印象を与える際に選ばれることが多いです。これは、相手に優しいイメージを伝える場合に有効です。

　また円同士を組合せた円状パターンは、事象の展開や対比を表現する際に「段階」パターンと同様の感覚で使用することができます。

ビジネスシーンでの活用事例（図化を参照）
- ビジネスにおいて、理念を中心に据え、その周りにビジョンを配し、ミッションに従って目標を設定する

●理念はビジネスの中核をなす存在であり、明確なビジョンやミッションが定められることで、具体的な目標が立てやすくなる

　このような図化を通じて、口頭やテキストだけでは伝わりにくい内容を、より直感的に、かつ明確に共有することが可能です。図化することで、伝えたい人の意図や考えを受け手が把握しやすくなります。

7．境界（バウンダリー）boundary

▶▶境界パターンは区分けを表現しやすいパターン

　「境界」というパターンは、「線引き」という言葉があるように、ものごとを分割し、区分けして対比や比較を視覚的に表現するために使用されます。

　1つの円にある要素を区分けする場合、次の各図のようにAという円の要素をBに区分けするときなど、線分や図形の境界線で区分けして明示することができます。

　このパターンは、単に区分けをするだけでなく、図形同士を組合

せて「C」といった新たな領域を創出することにより、余白としての空間が生じる効果も視覚化します。これは図化プロセスの有効性を示す一例です。

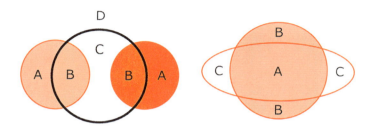

境界パターンの特徴
● 境界線があると左右や上下など区分けを表現できる
●「境界」は区分けする場面のみの表現ではなく「越境」という行為も表現できるパターン
● 線分や図形の境界線を用いて形成され、関係性の意味を明確にできる

■や●を半分に割る境界線を入れることは視覚的にも分かりやすいです。ですが図形同士の組合せで境界をつくることもバリエーションとして活用の幅が広がります。

また図化する場合に全体領域を設定し、境界パターンで次の図のように1つの円要素をAとBに区分けすると、B部が全体から越境する部分になります。
　また、A要素が内領域になり、B要素が外領域になるという思考プロセスが得られる場合は、全体領域の境界線が「境界」パターン

の図形として効果的にはたらくのです。

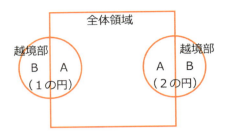

ビジネスシーンでの活用事例（図化を参照）

- 企業の理念は活動の根底にあり、個々の行動の源泉となり、結果的にはライフワークをも活性化させる。理念と個々の行動を有機的に視覚化できる（下の左図のように図化）
- 全体計画の中で各部分計画を区分けして示すことで、越境する部分の計画の目安となる。これにより、計画全体の構造が明確になり、各部分の役割と相互作用が理解しやすい（下の右図のように図化）

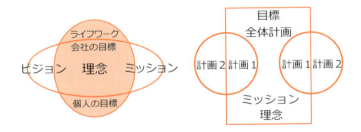

　日常生活やビジネスにおいて、境界パターンは選択や判断を行う上でとても有効です。図化を通じてあいまいな要素を明確にし、日々の行動や計画に充実感をもたらすことが期待されます。

また、日常を超えた挑戦や冒険に際しては、「越境」を視覚化することで新たな動機付けとなり得ます。

大切な判断や長期的な計画を検討する場合、この図化表現の中に「境界」というパターンを取り入れて、図化プロセスを進めていくことを強くおすすめします。

8．対比（コントラスト）contrast

▶▶対比パターンは違いを可視化するパターン

「対比」というパターンは、異なる要素や概念を比較して、その違いを明確にするために用いられます。このパターンは、2つのものを隣り合わせに配置し、それらの違いをはっきりと示します。図形的には「対称」パターンと似ていますが、対比はその違いを特徴付けて明示するために用います。

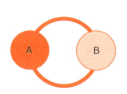 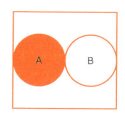 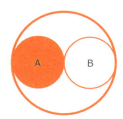

上の各図では、AとBを単純に対比して示していますが、対比の表現方法は図化する要素に依存しますので、都度どのように表現するかを検討する必要があります。

例えば、次の図のように反対語を使っての比較は、図化すると直感的に理解しやすく、「対比」を表す際の便利な方法となります。

　「対比」の図化方法は、使われる要素によって異なるため、さまざまな表現方法を自ら試し、実践を通じて表現スキルを高めることが大切です。これにより、伝えたい内容がより明確に伝わる図化表現が可能になります。

対比パターンの特徴
- 「対比」は、意味が異なる２つの要素を比較する図化表現
- 「対比」は、図化表現が明確でない場合、視覚的に「対称」や「連続」と誤解される
- 「対比」は説明的な表現であり、全体構図の中での位置付けが重要。適切な配置は思考プロセスに影響を与える
- 「対比」の効果的な表現は、ひと目で識別できるほど明確であることが必要

ビジネスシーンでの活用事例（図化を参照）
- ビジョンとミッションを対比させることで、設定された目標が企業のビジョンやミッションにどれだけ合致しているかを評価
- ビジョンとミッションの価値を比較することにより、目標設定の基準を明確化

●目標は基本的に企業の理念に基づいているが、事業の各フェーズにおいて、ビジョンとミッションを対比させることで、より適切な目標を立てることが重要

「対比」というパターンは、思考のプロセスに必要な比較であり、対比した結果の推論を導くために、プロセスを図化するのに効果的です。また対比した要素をひと目で表現できるので、視覚的にも活用したいパターンです。

9. 応用するためのその他パターン

▶▶応用する基本パターンは組合せで考える

　本章では、視覚化するための図化の8つの基本パターンを紹介しました。これらはすべての図化ニーズを網羅するものではありませんが、単独でも組合せても使用できます。シンプルな情報には1つのパターンで十分ですが、複雑な情報を伝える際には複数のパターンを組合せて、要素間の関係性や重要性を明確に示すことが大切です。図化のスキルは経験と実践によって向上し、使い方のバリエーションも増えていきます。

複雑で多様な内容を表現する際は、関係性や重要度、優先順位を同時に示す技術が必要です。このためには、基本パターンを組合せた応用パターンが役立ちます。

　応用パターンは、基本パターンを基にして発展させたものであり、実際の図化プロセスにおいてはさまざまな形で活用されます。

　「応用」するパターンは、下のいくつかの図に示すような組合せで考えています。

　例えば、上の2つの図は**「交互反復」**というパターンになります。視覚的なインパクトを意識しつつ、同質の要素を交互に繰り返し表現することが一般的です。このパターンは、要素間の言葉の関連性を効果的に示すために用いられます。

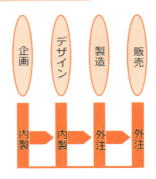

　また前の図では、「連続」パターンを用いて「ろうそく」という

図を作成し、企画とデザインを内製し、製造と販売を外注するという流れを説明しようとしています。このようなパターンを使用することで、内製と外注の境界を明快に表現することを意識した図としています。

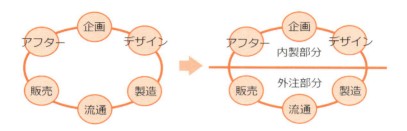

次に上の2つの図ですが、左図は先ほどの「ろうそく」の火の部分にある要素に少し他の要素を加えて「連続」パターンとして「円状」にしました。そこに右図のように線引きをすると境界ができて、さきほどの内製、外注の区別も視覚化できるようになりました。

さらには、下の図のように「円状」パターンと組合せた**「共鳴パターン」**は、重なり合う中心部が共通点を視覚的に示しています。下の右図で、「中心」パターンを加えると、中央部が強調され、「共鳴」という意図したメッセージの伝達が強化されます。

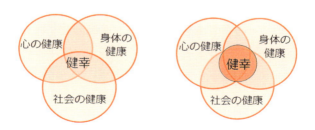

このようにいくらでも応用の効くパターンがあります。使いこなしていけば、自分のスタイルとしての表現ができていくでしょう。

これらのパターンはツールとして、内容要素に応じて自由に組合せることができます。基本パターンに限らず、自分で新しいパターンを創出することも推奨します。積極的に図化を行うことで、自らのスタイルを確立し、表現力を高めることが期待されます。

本章では、ビジネスにおける理念やビジョンの捉え方について図化表現を用いて解説し、基本パターンの活用方法を紹介しました。この技術を自分の大切なプロジェクトや計画、または表現したいアイデアに応用して、自身の経験を積み重ねていただければと思います。

------------------- ポイント -------------------
- 図化のための基本パターンはツールとして内容要素により組合せて応用する
- 基本パターン以外でも自分でパターンをつくることができる

フレームワーク図にも活用できるツール

▶▶フレームワーク図にも基本パターンを組合せて考える

ビジネスの世界ではさまざまなフレームワーク図が用いられていますが、ここではそのフレームワーク図にどのように図化の基本パターンを活用しているか、具体的な例を示します。

要素と表現が直感で可視化できる図化の技術（ツール編） 第4章

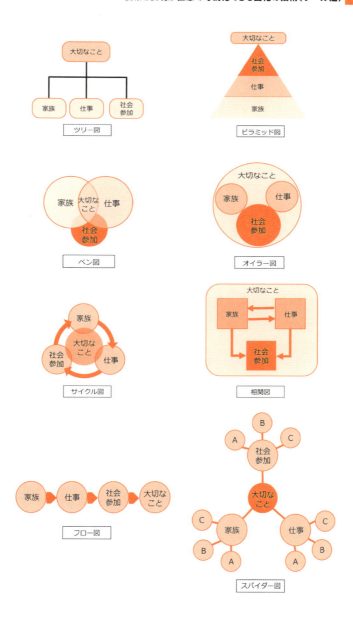

ここまで示したいくつかの図から明らかなように、フレームワーク図は図化の基本パターンの要素も盛り込まれています。

フレームワーク図の特徴
●テンプレート、フォームがあり思考の筋道が決まる
●論理思考で個人の感覚に依存しない
●無駄を無くしたシンプルな思考法、記述法
●課題や現状などを客観視できる
●情報や状況などが分かりやすく図式化される
などの特徴があり、左脳を使い論理的にものごとをまとめる良い可視化ツールだと理解しています。

　これらのフレームワークを駆使することで、左脳の論理的な処理と右脳の創造的な発想が同時に活用され、よりオリジナルで効果的な図化が実現するでしょう。

　次章では、これらの基本パターンをどのように具体的なシナリオに活用できるか、多岐にわたる事例を通じて紹介します。ぜひ、ご自身のビジネスシーンでの応用についても考えながら読み進めてください。

第5章

表現することが楽しくなる
図化の魔法
【効用編】

図化の効用で思考のプロセスを楽しむ!

▶▶図化は思考のプロセスであり形になることを楽しむ

　図化する作業は、前章で説明した基本パターンを使って表現していくことができます。ここでは、図化の基本パターンを組合せていく「思考のプロセス」の可視化事例を紹介しましょう。

　この後の思考のプロセス図では、「連続」「中心」「対称」「円状」などの基本パターンを使用して視覚化しています。図化プロセスを繰り返すことで、これらのパターンの使用方法も自然と身に付きます。頭の中にあるものごとが整理されていくには、図化作業を行いながら、それらの関係性をつなげていくプロセスを重ねることが重要です。

　一例として「ライフスタイル」をテーマに自分の考えを整理しながら視覚化するには次のようなプロセスになります。

▼まず思い付く要素を書き出す

123

▼直感的に要素をつないで可視化しながら思考する
▼グルーピングによって頭の中を整理し整頓していく
▼全体の構図が見えてきたら思考としての確認をする
▼まとめて仕上げていく

これらを図化の基本パターンを使いながら描いていきます。

　まずはライフスタイルに関わる要素を思い付くだけ書き出します。箇条書きに列記しても良いですが、ここでは後でも説明するマインドマップ※を使って書き出してみました。

※マインドマップ：イギリスの教育者トニー・ブザン氏が提唱した思考の表現方法の1つで、人が頭の中で考えていることを視覚的に表現するための思考の表現方法

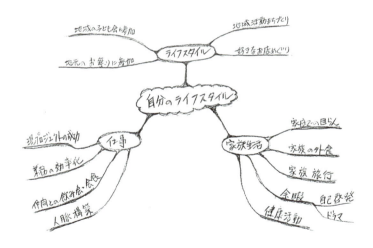

　そして図化の基本パターンを使って次の図のようにラフに配置していきます。プロット※の方法は直感的にアウトプットしても良いですし、構図を考えながら配置するのも1つの方法です。
　自分の直感を大切にしながら、一度にすべてをまとめる必要はな

表現することが楽しくなる図化の魔法（効用編） 第 5 章

いので、リラックスして作業を進めることが大切です。

※プロット：図に点を置くイメージで要素を配置していく行為

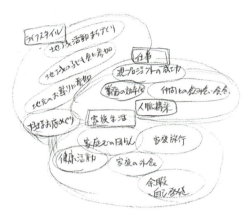

　この図の段階では、頭の中から出てきたアイデアがまだ漠然としており、関係性が徐々に可視化されていく過程です。この段階でアウトプットとインプットを繰り返すことが、クリエイティブなプロセスとなります。

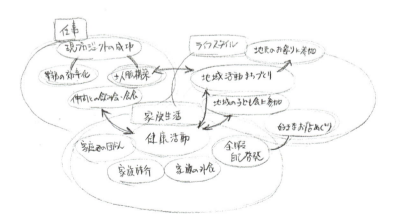

125

前の図のように矢印などを使用すると、関係性を示す視覚効果が増し、イメージが固まりやすくなります。

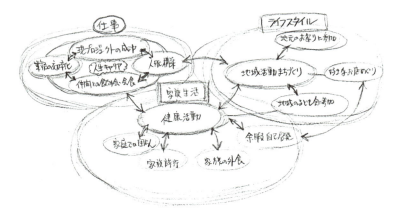

　最終的には、関連する要素を配置修正しながら、自分の思考を活かして固めていきます。

▶▶右脳と左脳を同時に使うことを楽しむ図化のプロセス

　このプロセスでは、右脳と左脳が同時に活動しています。ロジカルな思考で関係性をつなぎながら、直感を基にプロットする作業が並行して行われます。この作業自体を楽しむことができれば、それは良い傾向と言えるでしょう。

　思考が形になりつつあるイメージが具体化すると、次のような感覚が得られます。

- **イメージに近づいていく感覚を視覚的に確認できる**
- **クリエイティブな感覚が実感できる**
- **ものごとがまとまりつつある期待感がある**
- **点々としていた内容が収まっていく感覚がある**

これらは、思考プロセスを楽しんでいるという感覚そのものです。要素がつながり、整理されていく実感があれば、スッキリ感や充実感が得られるでしょう。

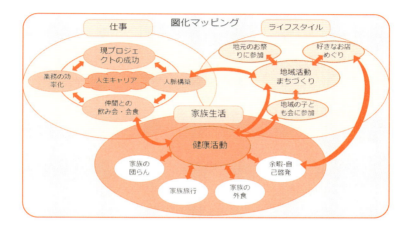

上に示したパワーポイントの図は最終形ではありません。プロセスにより視覚化の内容が変わる一例としてお話させてもらいました。手書きのラフ図からパワーポイントの図に発展することもありますし、パワーポイント上で何度か思考を繰り返して図が完成することもあります。

話し言葉とは異なり、この思考プロセスでは図化という具体的な成果物が得られます。一人で行うときも、グループで共有するときも、最終的には自分の成果となり、行動の証になります。

このときに得られる**図化表現を図化マッピング**と呼んでいます。**図化マッピングは、記録として残る自分自身の成果として、そのプロセスを楽しむもの**です。

- - - - - - - - - - - **ポイント** - - - - - - - - - - -
- 図化はつくる作業こそが思考プロセスとなる
- 図化は思考の過程を楽しむことができる手法

超効果的な図化ノート術で成果を上げる方法

▶▶日常のアウトプットに図化ノート術を活用する

図化マッピングは、視覚的な記憶や理解を強化する新しいノート術としても機能します。この方法を使った、効果的なノートの作成術を紹介します。

図化ノートをつくる際のポイントは以下の通りです。
- **レイアウトを意識して図化枠内で整理する**
- **相関関係を常に意識し、視覚的に連携させる**
- **重要なポイントは強調表示する**
- **全体のバランスを考え、適切な余白を残す**

これらのポイントを抑えることで、インプットとアウトプットを効果的に同時に行う記述と思考の図化ノートが完成します。

次に図化ノートの例を紹介します。次頁の左図は要点を箇条書きで記したものですが、右図ではこれを図化ノートとして整理しています。右図の方が視覚的に理解しやすく効果的です。

128

表現することが楽しくなる図化の魔法（効用編） 第5章

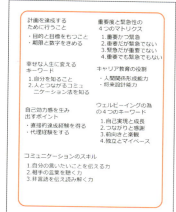
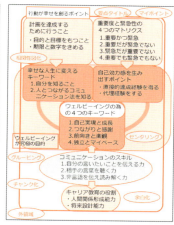

図化ノートの特徴を整理すると以下になります。
- 要点にはタイトルを付け、「チャンク（まとまり）」をつくる
- 関連する要素は「グルーピング」して整理する
- 中心的な要素は「センタリング」する
- 相関関係は図式化して視覚的に表現する
- 「余白」はアイデアや連携の発想ポイントとして活用する
- 自分の考えは「マイポイント」として明確に区分して記述する
- 追加情報があれば「外領域」を活用して記載する

　これらの要素を盛り込むことで、整理された有効な図化ノートが作成できます。パワーポイントでもできますが、アイデアや何か発想を得たい場合には、手書きの方が効果的です。
　図化ノート術は、要素や要点をまとめる際に非常に役立ちます。この方法で作成したノートは、**後で見返しても内容をすぐに理解でき、記憶の再活性化にも効果的**です。

129

▶▶A４メモとしての図化サマリー（要点整理）もできる

　スピーチや講演会での要点整理にも図化ノートは非常に有効です。通常の箇条書きメモと異なり、図化ノートはインプットとアウトプットを一度に行うことができます。

　Ａ４用紙に全体の枠を描き、聞き取りながら要点をメモし、それを図化サマリーとしてまとめていきます。この方法では集中して聴くことができて頭も回転し、情報の処理を速めます。手書きで行うことで、余白を活用した随時追記やグルーピングを行って、話の要点や自分の考えを効果的に記録できます。

　この図化サマリーは視覚的にも記憶に残りやすく、重要な会話や情報を効率的に記憶する手助けとなります。また、サマリーは後で見返す際にも、内容の反復が容易で、学習や記憶の効率を大幅に向上させます。

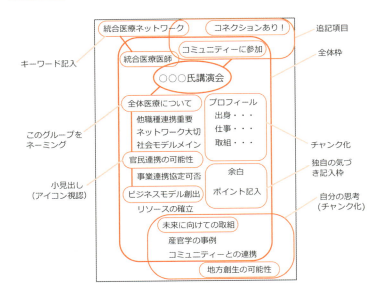

表現することが楽しくなる図化の魔法（効用編）　第5章

　メモ作業では、手書きの利点を存分に活用します。手書きならば、余白を使って情報を追記し、グルーピングして名前を付けるなど、柔軟な情報整理が可能です。ただし、話者の速度に追い付くためには、手書きのスピードと直感が求められます。

　そして全体枠の外には、例えば話者の言葉から得た気づきをメモすることや、異なる視点の考えを**自分の意見として筆記**することもできます。ペンで筆記する場合、黒赤緑青の４色ボールペンがおすすめです。

▶▶インプットしながらアウトプットするとは

　Ａ４メモの図化サマリーは、**情報過多な時代に、効率的に情報を処理する手法**です。人の話を聞きながら、どのようにレイアウトし、関係性をどう結び付けるかを考えることで、インプットとアウトプットが同時に行われます。

　この手法は情報をただ記述するのではなく、それを自身の思考と結び付けながら整理するため、より深い理解と記憶に残りやすい形でのサマリーが可能になります。

　ここでＡ４図化サマリーをまとめると以下の通りになります。
- ●話を集中して聴くことが可能
- ●スピード理解とスピード活用が可能
- ●視覚化まとめが活用ツールに
- ●自分の思考のトレーニング
- ●効果的な図化表現で記録を記憶に

131

これらの利点を活かして、図化サマリーを積極的に活用し、インプットした情報を即座にアウトプットとして再構築することが、情報の効率的な管理と活用につながります。

----------ポイント----------
● 図化ノートは視覚効果を活かせる思考＆ノート術
● 図化サマリーは、自分の思考も含めた内容のアウトプットをインプットと同時に行える

要素・要点をつなげて表現する図化の楽しさ

▶▶図化は視覚的プロットを活用した楽しい作業

　図化はものごとをアイコン化し、それらを配置してつなげていく作業です。

　図化作業中に、2つのアイコン間に同質性を感じた場合、それらを「対称」や「連続」の基本パターンを用いて視覚的に整理することができます。アイコンが増えるにつれて、それらをどのようにつなげるかの感覚も養われます。

　例えば、次頁の図のように「大切なこと」をテーマにした図化マッピングでは、テーマ名を中心にプロットし、その周囲に「健康」、「社会参加」、「仕事」、「家庭」といった項目を「対称」パターンで配置することができます。

　さらに「仕事」や「家庭」の項目を「連続」パターンを使用して細かく分けることで、より具体的な情報を視覚的に表現します。

132

表現することが楽しくなる図化の魔法（効用編）　第5章

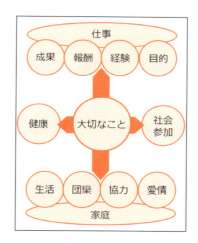

　この**図化手法の目的は、表示された情報の意味や意図が直感的に理解できるようにすること**です。図化を行う際は、**配置やレイアウトが意味を明確に伝えることができるかが重要**です。

　すなわち自分自身が配置した要素の意味をしっかりと理解していないと、視覚表現が他人にとって混乱を招く原因となります。

　図化する際には、直感的にプロットする方法と、フレームワーク図を作成するような論理的な配置の方法がありますが、どちらのアプローチを取る場合でも、整理された感覚やスッキリとした感じを生み出すことは大切です。

▶▶マインドマップのようなつながりで連想するツール

　先述のマインドマップを使った経験がある方はお分かりでしょうが、これは非常に強力な連想ツールです。1つの中心的なアイデアから放射状にキーワードを連想していくことで、新たなアイデアが

次々とつながり、形になっていきます。

　このツールは、アイデアを視覚的に展開し、関連する概念や言葉を自然に結び付けることができるため、クリエイティブな発想を促進します。

　図化プロセスにおいてもマインドマップを活用することで、思考が有機的に広がり、新しい見解や解決策が形になっていくプロセスを経て図化することができます。

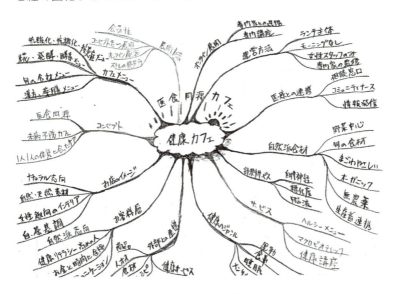

▶▶つないで得られる実感を図化でも得る

　リアルなコミュニケーションで人と人がつながるとき、得られる充実感は明確です。同様に、図化を通じて異なる要素をつなぎ合わせたときにも、同じような満足感が得られます。ものごとを視覚的につなぐことで、アイデアが具体化し、その過程で発生する充実感

は、**人間関係を築く過程と似た感覚**を提供します。

　図化の習慣を身に付ければ、あらゆる場面でそのスキルが役立ちます。例えば、会議のメモ、アイデアの構築、ブレインストーミングセッションでの情報の可視化など、多様な場面で図化を活用することができます。これらの技術を日常的に使いこなすことで、いつでもどこでも図化する習慣が身に付き、日々のコミュニケーションやアイデア生成に楽しく役立てることができるようになります。

---- **ポイント** ----
- プロットするからこそ関係性が見えてつながる
- つながりをつくることは実感が得られ楽しい
- 図化でつなげる習慣を身に付けてスキルアップ

ひらめきを意図して起こす図化マッピング

▶▶ひらめくにはひらめく間とプロセスが必要

　図化マッピングにおいては、単に直感に従って要素を配置するだけでなく、**全体の構図を考慮しながら細部にまで注意を払う論理的なプロセスも必要**です。

　全体を構想しながら各部分にプロットしていくと、意図的に配置された間には自然と空白が生じます。この空白を余白と考え、どのように活用するか構想します。

　ここで次の図のような一例をあげてみます。左図に要素をプロットすると、右図のようにさらに細分化された余白が生じました。

135

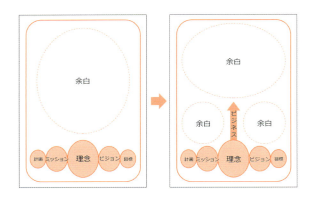

　次に、下の左図に要素を追加することで、上部に新たな余白が形成されます。この新しくできた余白は、新たなひらめきを引き出す場として機能します。

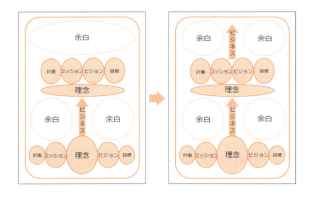

　このプロセスは**図化を通じて論理的に組立てを行い、意図的に余白をつくることでアイデアやひらめきを引き出します。**
　これは単なる一例に過ぎませんが、個人のビジネス構想を図化し、意図的に余白を設けた結果です。このような方法で図化を進めると、**イメージが視覚化され、思考も整理されていくプロセス**になります。

▶▶ひらめきと直感を使い分けて図化するには

この余白の効果は、発想を促す上でとても大事な役割を果たします。一般的にひらめきと直感は混同されがちですが、実はその意味するところは異なります。

- **ひらめき：何かを思い付いた後に、その理由を後付けで説明できる現象**
- **直感：明確な根拠はないものの、何となく正しいと感じる直観的確信**

図化プロセス中、**直感**は特定の場所に要素を配置する際に、その理由の言語化がなくても「こうだ！」という自己イメージを信じて行動する際にはたらきます。一方、**ひらめき**は余白や周囲の要素との関連を通じて「これだ！」という新たなアイデアや言葉を引き出します。この違いの理解には、図化アプローチが役立ちます。

さて次の図のような場合は、意図してひらめきを活かす構図を考えています。

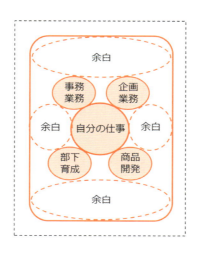

直感には依らず全体構造を考慮した中で、**余白を意図的に設ける**ことで、新たなアイデアやひらめきを誘発し、**図化が生み出す創造的な効果を最大限に引き出すことが可能**です。

　「ひらめいた！」と感じる人は、図に描かれた要素が互いに連携して発想を引き出し、余白を埋めるアイデアが頭に浮かんでくる状態です。このような状態ではとても**創造的で、心地良い感覚**が得られます。

▶▶人生にも余白をもつとひらめきのある生活にかわる

　人生においても余白をもつことの効果はとても大きいと言えます。

　ひらめきを伴う感覚を人生の中で、ビジネスや生活行動でも実現できれば、人との共感が得られる創造性豊かなライフスタイルを送ることができるでしょう。

　ぜひ余白をつくる習慣を図化マッピングによって日常の生活行動に取り入れて、クリエイティブな人生を送っていきましょう。

-----------------**ポイント**-------------
- 図化マッピングは直感的にでも、意図的にでも、創造性を活かす表現方法
- 図化の余白と同じで人生も余白というゆとりをもてる

妄想を楽しむ図化マッピング。妄想図化！

▶▶妄想を頭からひっぱり出して図化！

　何かワクワクするアイデアが浮かび、その未来が現実のものにな

ればなんと素晴らしいことでしょう。しかし、未来のイメージを具体的に絵にすることは、必ずしも容易ではありません。でも図化を通じて表現ができたなら、より妄想と思われることでも実現可能に感じるかもしれません。

　妄想は頭の中で形成されるものです。これは、思考を整理し表現するプロセスと似ており、**頭の中で思い描いた妄想もまた図化することが可能**です。

　図化マッピングする際には、小さなイラストや模様を加えると、ビジュアルが一層引き立ちます。例えば、自然界の「太陽」や「雲」「月」「星」「花」「小鳥」や、単純で表現しやすい「スマイルマーク」「車」「旗」などを図に取り入れることができます。
　自分で図に装飾できるような簡単な図柄、絵柄をストックしておくと、ちょっとした絵心を加えることができます。しかし、これら

を必ず使用しなければならないわけではありません。ぜひ魅力的な表現を自分なりにつくってみてはどうでしょうか。

　直感に従って要素を配置していくときには、「余白」が生じやすく、この余白によって図化プロセスを進めることで、妄想をさらに掻き立てアイデアを引き出します。絵画のような表現には及びませんが、視覚効果は大きく、日常的に図化を楽しむことで、思考としての妄想を形にし、ワクワクする瞬間を増やすことができます。

▶▶妄想でも何でも視覚効果は活かすに限る！
　未来のお店のような妄想を図にすると、そのビジュアルが鮮明になることで、妄想自体がよりワクワクして見えます。**文字が図化されることで、望む要素が視覚的に脳裏に刻まれていく**のです。

　絵が上手いか下手かは問題ではありません。本書で伝えたいことは「**伝わる図化**」です。
　自分がワクワクすることが目的であれば、それで満足できるはず

です。まずは**図化を通じて自分自身にワクワクする気持ちを伝えましょう。**

また、こういうことを日常でやっていけば楽しくないですか。
- 学校の勉強で満点とったときの妄想図化！
- 仕事で目標を達成したときの飲み屋でのお祝い妄想図化！
- 家族で行きたい旅行先を描いたマップの妄想図化！
- 近い未来にやってみたい自分のお店妄想図化！

お伝えしたいのは**「視覚効果を活かさない手はない」**ということです。アイデアを活かして未来を妄想する場合、ぜひ図化プロセスを活用して形にしてもらえれば嬉しいです。

妄想を図にするときが一番楽しい！

------ ポイント ------
- ワクワクして描く妄想に図化はぴったり
- 妄想という見えないものも図化で見える化できる

美しく表現された図化で心がときめく

▶▶美は多くの人の共感を呼ぶ表現

建築や自然の美学に基づいた図化マッピングの技術を、以前の章で紹介しました。美しくクリアに表現される図化は、見る人に好ましい視覚的効果をもたらし、他者にも共感されやすくなります。

図化の美的表現には、もちろん個人差がありますので美的要素としての差異は多分にあります。ですが芸術のような美しさを見せることが目的ではなく、**伝える・伝わるアプローチ要素としての美しさ**なので、センスや才能などとは違い活用して慣れるほど、**自分らしい美しさは増してくる**ことは間違いありません。

美しければ人はときめく

- ポイント -
- 美的要素は視覚効果にとって重要
- 美しさは人の感情を動かす力がある
- 図化マッピングは伝わる美しさを追求する

俯瞰して全体を見通す気持ちよさ

▶▶全体を見通す気持ちよさは図化の醍醐味

　これまでもお伝えしましたが、**視覚化メソッドは、ものごと全体を表現し、それを伝えることを目的**としています。しかし、我々はしばしば、俯瞰しているようでいても、全体を見逃していることがあります。

　ここで新規事業の計画を考える際の図化マッピングを例に考えてみましょう。

表現することが楽しくなる図化の魔法（効用編） 第5章

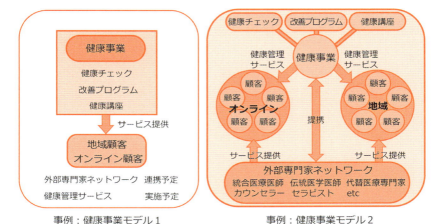

事例：健康事業モデル1　　　　事例：健康事業モデル2

　モデル1では、どのようなサービスを誰に提供するのかは分かりますが、人とモノの関連性は明確ではありません。一方、モデル2では、これらの関係性も追加して図化しています。図解的なアプローチではありますが、全体構造が可視化され、事業計画が共有しやすくなっています。

　人は部分的な情報よりも、全体を把握している方が、より満足し、積極的に行動できるでしょう。

▶▶ビジネスモデルを俯瞰して図化する！

　1つの事例として、ビジネスモデルキャンバスの視覚化の応用を見てみましょう。ビジネスモデルキャンバスは、価値提案や顧客関係、チャネル、収益の流れなど、9つの要素を含むフレームワークです。そして、このモデルを構築する際は、次に示す図のように、それぞれの要素をどう埋めていくかを検討します。

143

ビジネスモデルキャンバス

パートナー(KP)	主要活動(KA)	価値提案(VP)	顧客との関係(CR)	顧客セグメント(CS)
代替医療専門家 統合医療医師 計測器メーカー 健康経営推進企業	健康状態チェック 健康管理サポート	病気予防 健康状態可視化 健康状態改善 健康経営サポート 健康情報提供	健康増進居場所 企業内健康基地づくり オンラインサポート	地域住民 健康経営推進企業 従業員
	リソース(KR)		チャネル(CH)	
	健康状態改善プログラム 健康チェック計測器 健康管理システム		地域健康増進基地 オンライン BtoB 提携先企業	

コスト構造(CS)		収益の流れ(RS)	
システム開発費 データ解析費用 管理サポート維持費	固定費 商品仕入れ費用	健康状態計測サービス収入 健康改善プログラム収益	健康経営企業サポート契約収益

　事業計画を立てる際には、各項目を記述し、ビジネスモデルキャンバスを一覧で完成させます。これにより、全体がひと目で分かる表が作成され、計画の基盤となります。

　ただし、これだけでは重要度や優先順位、関係性は視覚化されていません。したがって、フレームワークをカスタマイズし、図化マッピングを適用することで、以下の図のように可視化することができます。

ビジネスモデルキャンバス図化

事業テーマ「健康対策ヘルスケア事業」

パートナー（KP）
代替医療専門家
統合医療医師
計測器メーカー
健康経営推進企業

価値提案（VP）
病気予防
健康状態可視化
健康状態改善
健康経営サポート
健康情報提供

顧客セグメント（CS）
地域住民
健康経営推進企業
従業員

リソース（KR）
健康状態改善プログラム
健康チェック計測器
健康管理システム

主要活動（KA）
健康状態チェック
健康管理サポート

収益の流れ(RS)
健康状態計測サービス収入
健康改善プログラム収益
健康経営企業サポート契約収益

顧客との関係（CR）
健康増進居場所
企業内健康基地づくり
オンラインサポート

チャネル（CH）
地域健康増進基地
BtoB 提携先企業
オンライン

システム開発費
管理サポート維持費
固定費

コスト構造(CS)

データ解析費用
商品仕入れ費用

表現することが楽しくなる図化の魔法（効用編）　第 5 章

　ものごとの計画を表現する場合、図化マッピングの作成において、基本的には全体構造を視覚化することをおすすめします。計画全体を俯瞰し、さまざまなプランを明確にしておくことで、変更も容易になり、この俯瞰できる図化も有効な武器として、事業の運営をスムーズに進めることができます。

　フレームワークをそのまま使うだけでなく、図化技術を活用して実際の事業に適したツールをつくることが図化マッピングの醍醐味です。創造的な思考プロセスとしての利用や、事業計画を正確に表現するための図解としての活用など、全体構造を表現して俯瞰する習慣がビジネスの質を向上させるでしょう。

　また、**図化マッピングによって、視野を広げ、視点を多角化し、視座を高めることができます**。これは心のゆとりや余裕をもたらし、俯瞰することの快適さを感じさせるでしょう。

　ビジネスの展開や日常生活においても、図化マッピングを用いて視覚化し、それを行動に移すことが重要です。絵に描いた餅で終わらせずに、具体的な行動につなげましょう。

　俯瞰した図化の視覚効果で気持ち良く行動につなげよう！

------------------------------- ポイント -------------------------------
● 俯瞰する方法として全体構造を表現した図化が効果的

145

パッションを表現して自分らしさを演出

▶▶熱量ある話し方のような図化の表現とは

　図化も話し言葉や文章と同じように、1つの伝達スキルです。人にはそれぞれ特有の熱量を伴った話し方がありますが、図化マッピングも同様に熱量を感じさせる表現が可能です。例えば、次の2つの図を見て、どちらがよりエネルギッシュだと感じますか？

　ほとんどの場合、左の図がより力強いエネルギーを感じさせるでしょう。このような力強い表現方法には、必ずしも一定のパターンが存在するわけではありません。例を挙げると、上の図は文字と配置は同じですが、文字の書体や色の濃淡に差を付けて比較しています。もちろん、書体や色の違いだけでなく、図形自体の表現方法によっても強弱を示すことができます。

　自分の感性に合わせて、力強く、または愛らしく、あるいは優しく表現することができれば、それで十分です。

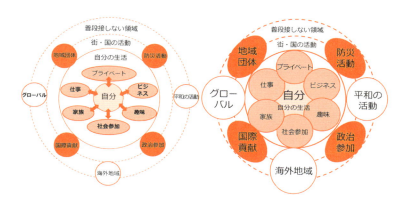

　ここに示した2つの図は、「自分の生活属性や活動」に関する図化例です。図は「中心」配置から始まり、「連続」、「対称」配置、「円状」や「境界」などの基本パターンを使用しています。内容は同一ですが、図化の関係性の表現がそれぞれ異なります。

　右と左の図では、各要素の関連性や重要度に応じて大きさの違いを設けています。どちらが優れているかという問題ではなく、図化をする本人の構図の考え方や意図に応じて、図には違いが出ます。右の図で各要素が強固に関連していることを示したいという意図が作用していることをご理解いただければ幸いです。

　ご自身でも図化に挑戦し、重要度や優先順位、関係性を視覚化することで、熱量のある図化を創造してみてください。

------- ポイント -------
● 図化は熱量ある表現方法によって個性を創出できる

夢を叶える図化の魔法

▶▶視覚効果は自分にとって最大の宝物

図化は思考のプロセスを明瞭にするだけでなく、ものごとを伝わる形で視覚化する手段としてもとても意義あるアクションだと考えています。

しかし、日常生活や仕事で図を活用していない方も多いかもしれません。図化だけですべてを共有、表現、伝達できるわけではありませんが、**既存の方法に図化を加えることで、現状を改善する新たな手段**として活用してみてはどうでしょうか。

文字だけの説明も視覚的には影響を与えますが、図や絵を加えた表現はそれには比べ物にならないほど強い影響力をもちます。高い視覚効果をもつ図化表現を意識して描くことで、より強いメッセージを伝えることができます。

この図で分かるように同じ文字情報でも図化表現を加えることで、左の文字中心の図化よりも、右図の方がその内容のイメージもより

表現することが楽しくなる図化の魔法（効用編）　**第5章**

伝わり、視覚的なインパクトを受けます。

　未来のビジョンを図化した場合、そのビジュアルは潜在意識に作用し、行動変容を起こすと言われています。そこに未来と現在のギャップを埋めるような重要度や優先順位、関係性などが視覚化されていることで具体的な行動に移しやすくなります。このとき、ギャップを埋める作業に意図的に「余白」を活用し、ひらめきを誘発していくことで、夢を現実のものとすることができるでしょう。

　これまで多くを説明してきましたが、あなたがこの視覚化メソッドを活用して夢を叶えられれば、これ以上の喜びはありません。ぜひ、この魔法のような方法をマスターして夢を実現してください。

------------------ **ポイント** ------------------
- 図化は意図的な視覚効果で伝達を強化する
- 図化はビジュアル的な行動変容の武器。夢の実現に向けた行動の源泉となる

番外編

図化ノートのパターンをつくって実践に活かそう！

　以下に図化のサンプルシートをいくつかご紹介します。これらのパターンを活用できれば、さまざまな場面で図化力を発揮できます。

　ご自分がまとめやすいパターンを選んで参考にしてください。ものごとのテーマと要素同士を関係づけて表現することが、図化力アップの秘訣です。

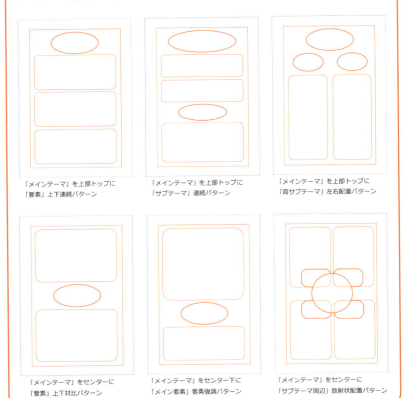

「メインテーマ」を上部トップに「要素」上下連続パターン

「メインテーマ」を上部トップに「サブテーマ」連続パターン

「メインテーマ」を上部トップに「両サブテーマ」左右配置パターン

「メインテーマ」をセンターに「要素」上下対比パターン

「メインテーマ」をセンター下に「メイン要素」要素強調パターン

「メインテーマ」をセンターに「サブテーマ周辺」放射状配置パターン

第6章

ビジネスや生活に
ワクワクをもたらす図化の実践
【活用編】

個人の啓発や目標・ゴールを明確にする図化力

▶▶図化表現はつくった本人が一番視覚効果を得る

図化は思考のプロセスだとお伝えしてきました。そして前章で図化することの効用を紹介させていただきました。

視覚化メソッドにおける基本パターンの活用ポイントは、

- ●ものごとのどれが中心となるのか（センター）
- ●パターンを使った要素、要点の配置による関係性を視覚化
- ●全体構造を意識して全体と部分の関係を視覚化
- ●グルーピングで領域の認知を行う

など、さまざまあります。これらは実際に試すことで、その価値を実感できるものです。この章では、メソッドを使って、自己のスキルアップに役立てるとともに、仕事や日常生活での応用事例を紹介します。

図化マッピングは、主に1枚の紙にすべてをまとめる作業です。要素をどのように配置するか、全体構造を考えた上で、図化の基本パターンを意識しながら、個人の啓発や目標を明確にするための図化プロセスを進めます。

　プロセスの中で明確にする際には、どのような内容を図に含めるかが重要です。具体的には、「個人のテーマ」「いくつかの啓発内容」「目標の明確な記述」「ゴールの期日」などを挙げてみました。これらを例えば次のように、1枚の紙に図化してみます。

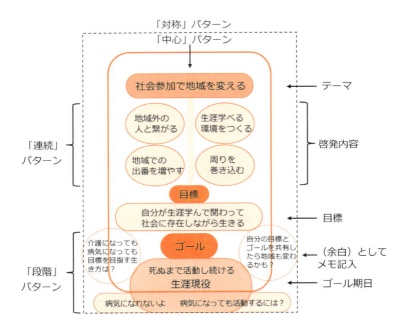

　この図化により、それぞれの啓発内容、目標、ゴールが書き込まれ、ひと目で重視する点や関連性が可視化されました。図化マッピ

ビジネスや生活にワクワクをもたらす図化の実践（活用編）　第6章

ングによって、タイトル（個人のテーマ）から啓発を経て目標のためのゴールの期日までのプロセスが1つの流れとして表現されています。この図では、啓発内容をかたまりとして見えるようにするために、対称配置しバランスのある美しさを意識しています。図を創作することで、描いた本人は目標やゴールを具体化するだけでなく、その過程を視覚的に捉えることができ、**それがワクワク感や満足感を引き出します**。

　図化することで自分自身の行動の喚起を促し、具体的な行動につなげることが狙いです。全体が一望できる図化は、行動の計画や調整を容易にし、それが直接的な実行へとつながるための効果的な手段となります。

------------------------- ポイント -------------------------
- 図化は基本パターンを組合せてバランスの良い配置を意識する
- 図化は実行のために確認して修正していくプロセスがとりやすい

日常のリストもグレードアップして活きる図化力

▶▶日常のアウトプットで図化が活きる場面

　日常生活や仕事の中で図化を活用する場面を想像してみましょう。例えば、1日の ToDo リストを図化マッピングで整理する方法を考えてみるのはどうでしょうか。

　リストといえば次の図のようにランダムに思い付いた項目を箇条書きにして並べるか、作業していく順番に列記していくか、おおよ

153

そ並べて書く場合がほとんどでしょう。

ToDoリスト

1　昨日のメール返信
2　昨日の議事録作成提出
3　請求書と納品書の内容確認
4　企画会議の議事進行書作成
5　企画書の修正事項検討
6　デザインレイアウト修正提出
7　オンライン講座視聴
8　参考書籍読書

　ビジネスの場面でよく用いられる「４象限マトリクス」は、生産性の高い活動を促すために、緊急かつ重要なタスクを効果的に管理するために用いられています。

緊　急	
第１象限 緊急でありかつ重要	第２象限 緊急ではないが重要
第３象限 緊急であるが 重要ではない	第４象限 緊急でも重要でもない

重要

　リストを効率的に活用するためには、リスト自体のアレンジが重

要です。通常の箇条書きリストを、次の図のようにアレンジして、緊急性を視覚的に示してみました。

　視覚的な表現を変えると、リストの使い方も変わります。通常の箇条書きリストは上から順に進める形ですが、リストを作成する際に優先順位がその通りになっていれば問題ありません。しかし、そうでない場合はリスト上で目線を上下に動かす必要があり、これが使いづらさを感じさせる原因になることがあります。

　ですが、デジタルメモアプリを利用すると、箇条書きリストの順番を簡単に入れ替えたり、調整したりすることができます。そのため、手書きよりもデジタルの方が効率的です。また、1日で処理できなかったタスクは、次の日のリストに追加するのもデジタルなら

容易です。ですが、アレンジして図化できるスタイルも良いと思いませんか？

では、このリストをさらに重要度を加味して書き換えた場合はどうなるでしょうか。次の図のように表現してみました。

　鍵は緊急性と重要性を視覚化して、ひと目で判断できるように整理することです。

　それなら単なるリスト化よりも４象限のマトリクス図を直接使用する方が効果的だと言われるかもしれません。それはその通りで、有効なフレームワーク図であり否定しません。本書では可能性として、このようなフレームワーク図を自分らしい方法で活用するさまざまなパターンを事例として紹介することも念頭においています。

▶▶日常は図化してまとめるリストを活用

　一方、ＴｏＤｏリストを図化マッピングする際の作成方法について考えます。このプロセスでは、リストの視覚効果を最大限に活用し、目を引く形で構築することを意識します。

　これまで説明したように、**文字と図形をアイコン化することでかたまりとして捉えられるので考えやすく、見やすくなります。**

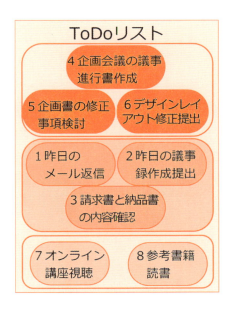

　上の図は１つ前のリスト図をアイコン化して図化した事例です。
　図化マッピングで作成されたこの図のようなものは、単なる一例に過ぎません。最も大切なのは、描いた本人がその意味を理解し、自分にとって使いやすい形で自由に描くことです。次の図のようなパターンは、事例として参考にしていただければ幸いです。

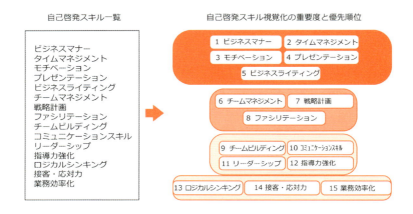

　これは事例として自己啓発に必要な事項を一覧にしたものですが、初めにリストを優先順位に基づいて箇条書きにしました。その後、図化表現して右図のように自分にとっての重要度と優先順位をグルーピングして可視化しました。この図化マッピングは、自分用にカスタマイズされているため、他人と共有する際は、意図がより明確に伝わるようなデザインへの再考が求められます。

　日頃から何かをリストアップする際には、単純な箇条書きよりも、ひと目で理解できる図化リストをつくって活用すると、作業の進捗や優先順位が明確になり、日常のタスク管理に効果を発揮します。このような視覚的アプローチは、プレゼンテーションや会議資料作成にも大いに役立ちます。ぜひ、今日から図化表現を取り入れて、情報共有の効率を高めてみましょう。

------ ポイント ------
● リストも図化することで、重要な情報をひと目で捉えられる有効なツールとして活用可能

ビジネス構築、事業構想に役立つ図化力

▶▶企画に重要なコンセプトづくりも図化の力を活用する

ビジネス計画やイベントの構想を練る際には、まずコンセプト、テーマ、目的を明確に決めていきます。この機会でも、図化の力を活用することは企画の可視化にとても有効です。

その中でもコンセプトは、企画のコアであり、その共有には図化がとても有効です。次に、コンセプトの意味について図化表現を参照しながら説明します。コンセプトとは、

▶新しい意味を見出すためのサーチライト
▶ビジョンの実現に向けて課題を解決する新しい視点
▶戦略を凝縮したもので基本的な行動指針

といった意味があり、簡潔に表現すると**「挑戦意義のある短い言葉で表現された未来へ向けた指針」**と定義できます。

それではこのコンセプトの要件にはどのような視点が必要なのでしょうか。それは主に7つの視点が必要です。

「戦略性」「共感性」「個性」「持続性」「革新性」「統合性」「創り手の想い」の7つです。これを一例として下の各図のように表現しました。

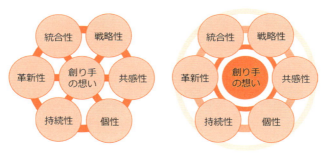

前の左図と右図では同じ７つの言葉を並べていますが、まとめる人の捉え方で図化表現も変わってきます。
　これらの図は、両方とも「創り手の想い」を中心に据えた関係性を示しています。ただし、中心部分の表現方法が異なるため、強調される度合いや関連する関係性に違いが生じます。
　この図はどちらが正解というわけではなく、提案者の意図する表現方法としての一例です。図化は自分が伝えたい意図を視覚的に表現するための手段です。
　また、この視覚化メソッドでは基本パターンとして「連続」「中心」「円状」というパターンを組合せています。

　次にコンセプトとは何かを示す図化の事例をお伝えします。コンセプトづくりの条件と言われている４項目の要素を図化しました。

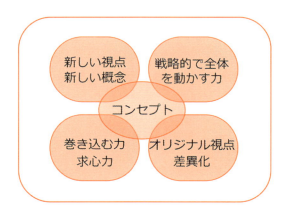

　上の図の表現により、コンセプトが４つの異なる視点で説明されていることが視覚的に表現され、記憶にも残りやすくなります。
　次の図では「良いコンセプトの条件」としての４要素を図で表現

しました。少し表現に違いを加えて図化したものを3つ並べてみました。

　図化の基本的な訴求要件の比較は左図、中図でできます。お分かりのように、大きさや色の濃淡で違いを示しています。

　右の図は虫の形をしたデザインにしましたが、これはその意図が不明瞭で、見る人に迷いを与えてしまう可能性があります。参考にしてください。

▶▶コンセプトワークも図化を活用

　それでは**ビジネスの構築や事業構想に役立つ図化マッピング**の事例を紹介します。

　前章では事例として「健康対策ヘルスケア事業」のビジネスモデルキャンバスを作成し、事業立上げに必要な要素を整理しました。また全体構図として図化し、その構図を基にコンセプトワークを進め、プランニングの一例としてまとめてみました。

　次の図を参照して、コンセプトワークを進める際には、関連するキーワードを記述して図化していきます。このプロセスを通じて、

アウトプットしながら同時に確認作業も行えるのです。具体的には、どのキーワードがコンセプト形成に寄与するのかを視覚的に確認しながら、進行形で図化していく方法です。

面白さ
・生きづらさを生きやすく
・つながりを創る健康
コミュニティー
・老化防止を追究

説得力
・医療未満の健康
状態可視化
・医療にはないヘルス
ケアで健康サポート

ヘルスケア事業コンセプト

具体的なイメージ
・ヘルスケアの新サービス
・地域拠点を活動拠点に
・地域企業が活躍

焦点を絞る
・健康寿命の延伸に特化
・健康経営のサポート

テーマ　40歳〜60歳代が70歳代を現役で活躍できるヘルスケア
コンセプト　地域社会のヘルスケアシステムで健康寿命の延伸

　例えば、健康事業のコンセプトを「地域社会のヘルスケアシステムで健康寿命の延伸」とする場合、この言葉をビジネスモデルキャンバスと組合せて図化することで、ひと目で理解できるプランを作成できます。これにより、企画の意図が明確に伝わりやすくなります。次に示された図はビジネスモデルキャンバスを図式化したもので、同時にノートとしても整理されています。このように１枚の図で表された図化マッピングは、企画書の一部としても活用できます。

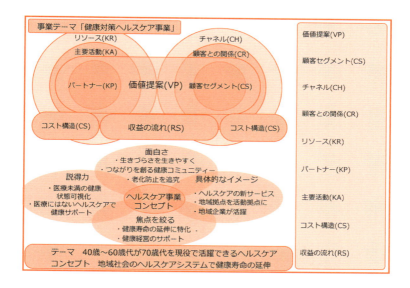

　このように図化はビジネスの各段階で効果的に活用できるツールです。それを使いこなすことで、**企画の質を向上させ、より具体的かつ効果的な戦略を展開することが可能**になります。ぜひこの思考プロセスを活用してください。

---- ポイント ----
- ビジネス構築には図化プロセスを戦略的に活用していくことが可能

チームワークやコラボレーションを引き出す図化力

▶▶チームワークのために図化力を活用する方法

　学生であれ社会人であれ、多くの人が日常的に何らかのチームや

グループに所属しています。これらのグループではさまざまな活動が行われるため、効果的なチームワークが求められます。ただし、その実践方法はさまざまです。

またチームワークの基本は、メンバー間の共通点や違いを理解し、それを受け入れて協力することです。これを実現する手法の１つとして図化マッピングが有効です。

基本的なワークのプロセスはチームワークを発揮するための「共通言語」を用意して行います。例えば次の図のように各自が重要と感じる価値観ワードの中からいくつか選び、図化マッピングを行います。

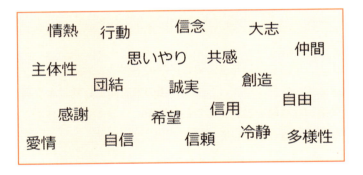

ポイントはただ順番に並べるのではなく、次頁の図の例のように、「はじめに」で紹介した自己紹介ワークの方法を参考に、**言葉の関係性を意図的に図化**します。このとき、図化の基本パターンを使って視覚的に表現していきます。

マッピング例1　　　　マッピング例2

　これにより、この2つの図のように、同じ価値観を共有する人同士であっても、その表現方法によって異なる解釈が生まれ、感情やストーリーを出しやすくなり、コミュニケーションが深まります。

　このプロセスを通じて、人々が共通の考えをもっていると思われる中でも、個々の違いを理解しやすくなります。特に、図化を使うことで**通常見逃されがちな共通点や違いが視覚的に明確に**され、情報共有が容易になります。

　これにより、チーム内での理解が深まり、個々の意見や考え方がはっきりし、**共感が生まれ、より効果的な協力関係を築く**ことができきます。

　ここでは価値観に関するような普遍的な言葉を元にワークする事例として紹介しましたが、**チームワークを引き出すための図化マッピングの活用方法は他にもいろいろと創意工夫できます。**
　一度チームやグループで、実際にこのワークをやってみてくださ

い。けっこう楽しい時間になります。おすすめです。

▶▶組織で共通点・相違点を知り、協力関係をつくるには？

　企業にはさまざまな組織形態が存在します。これらの組織を表現する際、一般的にはツリー図が使用されます。この図は、トップダウン型の組織構造を明確に示し、意思伝達系統を効果的に表現するのに適しています。その合理的な視覚表現の一例と言えます。

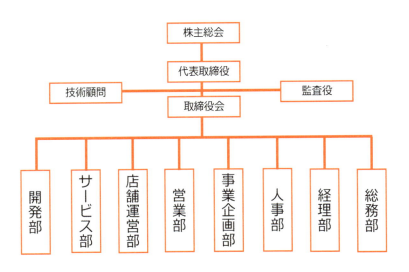

　実際に社員が経験する組織構造は、必ずしもツリー状ではなく、部署間の関係性に基づいて形成されることが多いです。このような組織を視覚化するには、例えば次頁の図のように表現することができます。この表現方法では、実際の機能的なつながりが明確に示されます。

ビジネスや生活にワクワクをもたらす図化の実践（活用編）　第6章

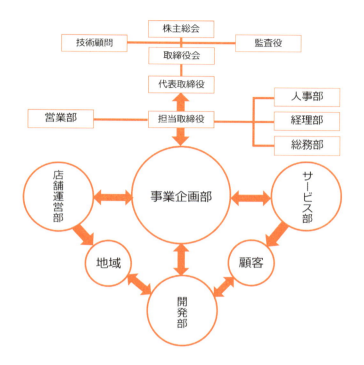

　この図は少し不均衡に見えるかもしれませんが、これはあくまで一例に過ぎません。10人のチームメンバーがいる場合、各個人が描く組織図はそれぞれ少しずつ異なるものになるでしょう。

　図化を通じてチームメンバー間で共有することは、**共通理解の促進だけでなく、個々の特性や強みを活かすための基盤を築く**ことにもつながります。ぜひこれもお試しください。

------ポイント------
- 図化はチームワークのための共通理解と個々の特性を知ることのできるツールにもなる

記憶を最大限活かすための図化力

▶▶図化表現を積極的に記憶効果に活用！

これまでも本書で図化の記憶の効果はお伝えしましたが、図は文字よりも記憶に強く残ると広く認識されています。

記憶についてはさまざまな文献も情報も出ていますので、ここでは詳しくは述べませんが、この**図化マッピングも記憶法としておおいに活用**できることを簡単にお伝えします。

ここで少し記憶についての簡単な実験をしてみたいと思います。次の図のように文字だけ書いた図と図化表現した図があります。まずは文字だけ描いた図を10秒ほど眺めた後、1分後にどのように記憶に残っているか感じてみてください。

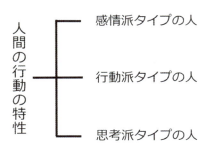

そして次に図化表現した図を10秒ほど眺めた後、1分後にどのようなものが記憶に残っているか感じてみてください。

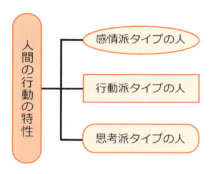

　どうでしょうか。図形だけが記憶に残っている人もいれば、図形と文字が一緒に記憶されている人もいるでしょう。図形と文字が連携していることで、文字情報の記憶にも役立ちます。

　これは例えば、感情を重視する人には柔らかな楕円形、行動指向の人にはシャープな四角形、思考を重んじる人には丸みを帯びた形といった**意味付けを紐付けて行うことで、個々の特性が視覚的に強調され、記憶が促進された**と言えるのではないでしょうか。

　おそらく、最初の図よりも後の図の方が文字情報の記憶が優っているはずです。

▶▶記憶法として使う図化マッピング

　次に図化を活かした記憶法について紹介します。さまざまな記憶術がある中で図化マッピングはポピュラーな記憶術である**「基礎結合法」の１つ「場所法」**などとして活用することができます。

　基礎結合法は従来からある記憶法なので、具体的な方法についてはご自身で調べてみると良いでしょう。この方法は、次に示す身体や、指、時計など身近なものを記憶の手がかりとして使います。

　基礎結合法は、

- ●身体法・・・体
- ●指法・・・・10本の指
- ●時計法・・・時計の文字盤（12時間）
- ●部屋法・・・部屋の中にあるもの
- ●道法・・・・道沿いにあるモノや建物
- ●建物法・・・建物の中にある部屋・モノ
- ●場所法・・・記憶の宮殿

など場所やモノと記憶物を連動させる記憶術です。視覚化メソッドは、上記のうち「場所法」などによる「場所」に意味をもたせた連動記憶法として活用できます。

視覚化メソッドは**記憶法の基礎材料として基本パターンを応用した図形を用いる**ことができます。

いくつか基礎材料を考えてみて、それらを使って次のようなパターンをつくってみました。

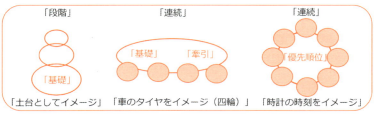

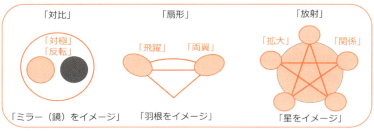

前の各図のように、**基本パターンを組合せて「場所」として結合して記憶**していきます。さらに、特徴的な形を独自のパターン図として作成し、これを記憶の型として活用することも可能です。

　またさらに視認性を高めるため、結合材料に具体的な形を取り入れることも可能です。例として、ぶどうの房、木の幹や枝、根、渦巻、電車、家、人などが基礎材料として使えます。これらの形を用いて、下の図に示すように、記憶したい言葉を組み込み、意味付けを進めていくことができます。

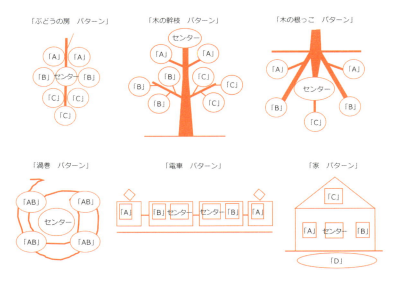

　例えば、健康法としての断食「ファスティング」が流行していますが、「人」の形を使って「ファスティングのポイント」を記憶する際には、身体の各部位に情報を配置することで視覚的に記憶しやすくなります。

基礎結合法の種類としては「場所法」でもあり「身体法」の一種でもあります。下の図は見た目がロボットのような事例ですが、人を連想すると身体の部分と紐付けて覚えやすくなるでしょう。

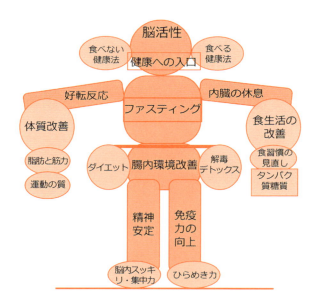

　このように図化を通じて、記憶したい情報を効果的に覚えるための工夫をすることが可能です。図化の技術は、日常生活や学習の中で「場所」という具体的な材料をつくり出し、情報を結合させる手段として大変有効です。

-----ポイント-----
- 図化の技術を使って「場所」という材料をつくり結合させて記憶することができる
- 「場所法」としての図化のパターンは基本パターンの組合せや特殊なパターンをつくることもできる

ビジネス図解に活かすクリエイティブな図化力

▶▶フレームワーク図を自分流にアレンジして表現する

　第4章でも紹介しましたが、フレームワーク図は、そのシンプルな構造と拡張性の高さから、ビジネスの現場だけでなく、多くの場面で非常に有効なツールとして活用されています。その視覚化された形は**多角的な視点を提供**し、情報を把握しやすくします。

　フレームワーク図の力は、単なる情報の整理だけでなく、論理的思考を支援するツールとしても価値があります。

　ここでは、下の2つの図、ツリー図とピラミッド図を用いて、図化の応用例をお伝えしていきます。

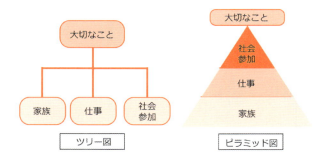

　視覚化メソッドではフレームワーク図を効果的に活用し、理解しやすい図解として提案することもよくあります。フレームワーク図は図化の技術として提案している基本パターンに沿っている図も多いので、次頁の図のように少し応用して**独自の図解としての図化マッピング**をつくることもできます。

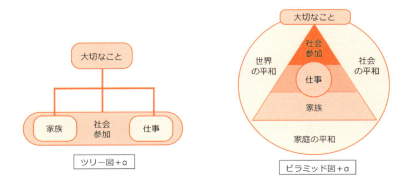

　また、**フレームワーク図をカスタマイズして組合せる**ことによって、説明したい内容をより具体的に、かつ創造的に表現することが可能です。下の図ではピラミッド図の意味と、それに自分の解釈や追加の要素を加えて、**オリジナルの図化スタイル**をつくり出しています。

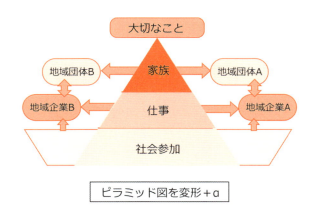

　またフレームワーク図の視覚的効果の部分は活かしながら、自分の意図や思いを図に込めます。すると第4章で紹介したサイクル図を一例としたフレームワーク図も次の図のように形が変わってきます。

第6章 ビジネスや生活にワクワクをもたらす図化の実践（活用編）

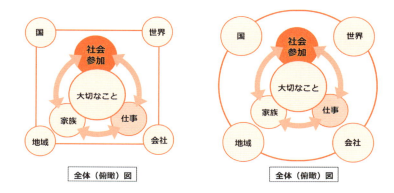

　このように、フレームワーク図は自身のクリエイティブな発想を形にするための基礎としても機能します。上の図は文字としては同じことを伝えていますが、角と円でイメージが異なってきています。図化マッピングを通じて、自分の意図や考えを形にすることで、**図の背後にあるメッセージやビジョンをより明確に伝える**ことができます。

　ビジネスに活用できるフレームワーク図はかなり多数の図があります。これらをそのまま使うこともビジネスの世界ではもちろん多いと思いますが、**自分らしくクリエイティブ発想でフレームワーク図をカスタマイズして活用**していくと、ビジネスだけでなく他の多くの分野でも応用が可能で、数多くのバリエーションが生まれることは間違いありません。

　こういったカスタマイズをマスターすることで、あらゆる情報を効果的に伝え、理解を促進することができるでしょう。
　ぜひ「図解」としてのフレームワーク図も学び、この視覚化メソッ

ドを用いた活用方法を習得してください。

---**ポイント**---
- フレームワーク図はとても明瞭でシンプルなだけにカスタマイズする価値がある
- ビジネス図解は視覚化メソッドを活用したフレームワーク図のカスタマイズで図解化できる

人生計画とキャリア形成のための図化力

▶▶人生計画は俯瞰して見る全体像を描きたい

人生計画は、一人ひとりにとって非常に重要なテーマです。それだけに、単なる1枚の用紙に描くことはできないかもしれません。しかし、その複雑さと重要性ゆえに、全体を俯瞰して捉える図化マッピングが可能であれば、それは非常に大きな力をもつことになります。

視覚化メソッドを通じて伝えたいのは、壮大で複雑な相関関係をもつ事柄ほど、全体像を1枚の図に描く価値があるということです。

この章では、さまざまなシナリオでの図化マッピングの事例を紹介してきました。そして最後に、**「人生計画」**をテーマにした図化マッピングの有効性を紹介したいと思います。

「人生計画：残りの人生を悔いなく生きるために」というテーマで具体的な例を示します。

では事例を見ていきましょう。図化していく場合は頭の中だけで人生の構想を組立てるよりも、紙面に描いてご自身の頭の中の計画を視覚化していきます。

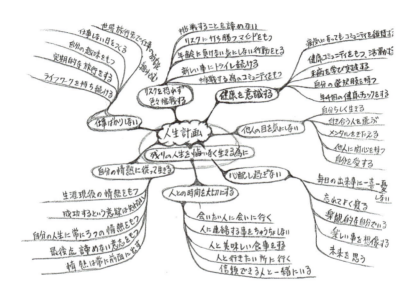

この事例では、まず全体像を把握するために必要な項目をできるだけ連想するように**マインドマップ**を使って引き出しています。
そして描かれたマインドマップからさらにピックアップして関連づけたい項目、どう配置するのが良いか検討したい項目などを思考しながら図化マッピングしていきます。

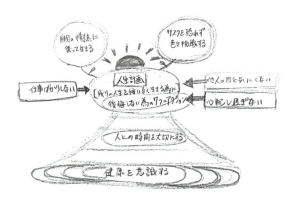

　次に上の図のように言葉とイメージのレイアウトとともに**概念図化**していきます。全体枠の中でどのような考えが展開されていくか楽しみながら進めていきます。

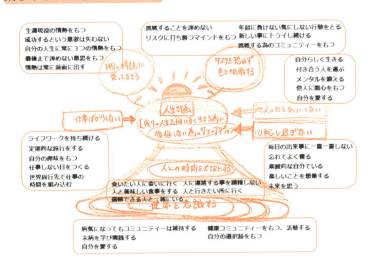

　上の図のようなラフな図化が出てきてまとまってくれば**最終完成版**として仕上げていきます。

ビジネスや生活にワクワクをもたらす図化の実践（活用編） 第6章

　この図化マッピングでは、「動機」を**中心に据え**、「健康」を**基盤として配置**し、「情熱」と「挑戦」を上位に配置することで、視覚的にも分かりやすく、行動に移しやすい構成を目指しています。このときには自分がまずスッキリして見えることが大事です。

　図化マッピングは個々によって異なる結果を生み出すため、建築設計と同様に、各人のクリエイティビティが反映される作業と言えます。手書きでラフを描くことも、パワーポイントで繰り返し作業を行うことも有効です。どちらの方法を選んでも、**右脳と左脳の相互作用を通じてデザインが形成**されます。

　上の事例でも分かるように、「人生計画」を視覚化する過程は一度で完結するものではありません。何度も繰り返しアウトプットを重ねることで、ひらめきとともにスッキリとした納得のいく図化

マッピングを実現でき、それがあなたの人生計画の具体的な表現となります。

　図化が完成したときは、クリエイターやデザイナーが「できた！」と歓喜するような喜びを、あなたも感じることでしょう。
　図化マッピングのスキルを磨いて、多彩な表現を楽しむことができれば、そのスキルが人生を豊かに広げる一助となるはずです。

▶▶人生すべての思考が図化できる

　ここまで図化マッピングの事例を通じて、その効果を解説してきました。**図化は強力な視覚表現ツール**であり、頭の中の考えを整理し、自分自身で確認し理解するのに最適な方法です。フレームワーク図やマンダラチャートなどにも、さまざまな形でカスタマイズして使用できます。

　視覚化メソッドは、キャリア形成や人生計画に限らず、**あらゆる計画を図化できる対象**とします。スピーチの要約や記憶法としても活用でき、頭の中の混乱を整理するのにも非常に効果的です。重要なのは、この方法がクリエイティブな思考法であり、アイデアを形にしていく過程で特に有効であることです。
　また自分の理解のみならず相手や周囲と共有しながら活用するツールですので、作業する本人が「創造」というデザイナーやクリエイターの感覚をもって充実感を得ながら活用していくことが大切です。

　本書は、社会で主体的にものごとを捉え、全体的に俯瞰して見る

ビジネスや生活にワクワクをもたらす図化の実践（活用編） 第6章

視点をもって行動し、全体の視野を広げる能力も活かしていく人材の輩出に寄与できることが、大きな目的の1つです。

　決して絵心、絵の才能、イラストの才能はいりません。クリエイターやデザイナーの視点が自然と思考回路としてはたらく「視覚化メソッド」をぜひあなたのスキルにしてもらうことを願っています。

　本書を読み終えたら、あなたもすぐ図化を始め、図化力を身に付けていきましょう。

---ポイント---
- 計画できるものはすべて図化マッピングできる
- 図化力は人生を主体的に生きるためのリソース

番外編

違いを認め合う図化の事例「価値観マッピング」

　ある中学校の生徒たちに、自分の価値観を知り、周りの人の価値観も知るワークを行って、価値観マップを描いてもらいました。

　第6章でお話したチームワークを発揮するための「共通言語」を用意して行うワークとして、価値観ワードを選んで描いてもらいました。その中からいくつかの図を以下に掲載します。（実際には価値観ゲームを行った結果の図化）

　自分の価値観を知る良い機会になったこともありますが、多くの生徒は周りの人の価値観が自分と違うことを知って、良い気づきになったと感想を述べています。

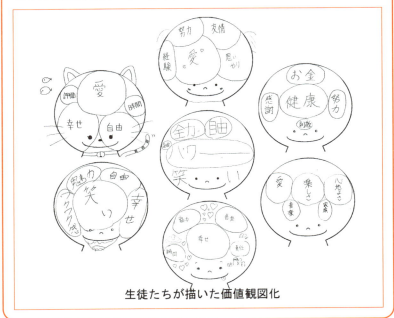

生徒たちが描いた価値観図化

おわりに

　本書を最後までお読みくださりありがとうございました。ぜひ、自分の手で実際に図化してみてください。実感を得れば得るほど楽しくなってくるはずです。

「図化はまず自分に伝わる表現手段」

　人に伝えるコミュニケーション手段としての図化や、ものごとの構造を正確に表現し伝える図解などは、周囲や相手に伝わってこそ価値があるものです。ですが、一番価値を置くべき点は、図化が自分自身で表現し、自分自身に伝わる表現手段だということです。

　頭の中が整理整頓できるのも、頭の中のモヤモヤがすっきりするのも、図化が自分自身に表現して伝えるからです。まずは、自分自身への納得と共感。大切なことだと感じています。

「つなげることこそ、主体的に生きるコツ」

　図解はテクニックという言葉がふさわしく、図化は創造力がぴったりのように感じています。そしてどちらにも当てはまるキーワードが「つなげる」です。論理的でも直感でも、つなげていく行為には思考がはたらき、その上で行動や、表現の形が見えていきます。自分の意思でつなげることこそ、主体的であると考えます。

　つなげることは創造性を発揮します。アイデアも結局は「つなげる」から発想できます。これらをより効果的にするのに役立つのが図化力です。私はこの図化力に結構ロマンを感じています。

「全体は部分の総和にあらず」

　今から10年ほど前に私の中に、この言葉が腑に落ちてきて、また建築家のクリストファー・アレグザンダーが提唱したパターン・ランゲージを学んだことが始まりで、この「視覚化メソッド」に行き着いているように感じています。

　パターン・ランゲージとは、美しい建物やいきいきとした街の姿に繰り返し現れる法則性を「パターン」と呼び、それを「ランゲージ」（言葉）として記述・共有することを提案したものです。これを住民参加のまちづくりに活用しようとした考え方です。

　またこの法則を人間行為のパターン・ランゲージとして提案した方が、慶應義塾大学の井庭崇先生でした。一般の生活行動でも使えるとても良いツールだと理解しています。私も学んできました。

　私が地域を良くしたいと「まちづくり」に関心をもって活動していることも、私が学んできたことを地域に提案していく自然な流れだと感じています。そして、これらは私の本書を書く大きなヒントになっています。

「人生と生活を変える新習慣」

　本書では、一貫して図化のプロセスは「ワクワク」を感じることが良いと伝えてきました。クリエイティブな活動はワクワク感がないと始まらないとさえ思っていますが、だからこそ、右脳と左脳の両方を使う図化プロセスは、面白いのだと強く言いたいのです。そしてこの図化の技術を活用したメソッドを使うと、ワクワクするプロセスだけでなく、「図解」の的確な表現も身に付いていくことにより、多様な場面で活用できる新日常をもたらすでしょう。

おわりに

「思うだけでは実現しない」

　また私が本書で述べていることをメソッドとして広く知ってもらいたいと思うようになったのは、あるきっかけでセミナーをしたときの気づきも１つのきっかけでした。その機会をつくっていただいたコミュニティーが、音声ＳＮＳのクラブハウスで３年前に立ち上がった年中無休の朝活を運営しているグローバル共和国というコミュニティーです。この内容はメソッドになるよと言われ、それから２年余りが経ちますが、その後多くの方に背中を押していただき、この本書が完成したことに、ほんとうに感謝しています。

　私は、これまで自分が社会の多くの人の役に立つにはどうしたらよいか、ずっと考えてきました。建築設計も人の役に立つ仕事だと思っています。ただ、多くの人の役に立つには、もっと自分のあり方や、やり方を変える必要があると考えていたことも事実です。本書が多くの人の目にとまり、私の経験や知識が役に立って、人生や生活を変えるきっかけになればと心から願っています。

　これまでいろいろな紆余曲折や葛藤もあり、新しいことに挑戦する思いだけがありました。でもやることには必ず意義があると信じてきました。挑戦をさせていただいたことに感謝いたします。

　最後に、今回多くの方々に応援していただきました。苦しいときも温かい励ましの言葉を頂戴しました。ほんとうにありがとうございました。心からの感謝を伝えたいと思います。

今井カツノリ（イマカツ）

―――― SPECIAL ――――

特別編付録

図化ノート作成のポイントをさらに深掘り

　第5章で解説した図化ノートについて、作成ポイントのまとめかたと表現方法をもう少し細部までお伝えします。

●「4つ」など、話し手が数を言ったときに、その数の要素をどのようにまとめるかを判断して、ノートにアウトプットしていきます。

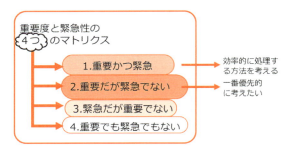

ノートのポイント

まず

① 「4つ」と聞いて並列に配置するか
　　かたまりで配置するか考える

配置のパターンは、4つの内容がタイトルなのか、
キーワードなのかでも違ってくる

タイトルだと次に続く内容を筆記しようと考えるので、スペースをつくることを考える

ノートのポイント

また

② 「4つ」項目を1つ目は・・・と、話し終わって、2つ目は・・・と順番に話す内容をノートする場合は、4つを見出しにしてかたまり化する

> 1 タイトル
>
> 1タイトルの説明内容をメモするスペースにする

> 2 タイトル
>
> 2タイトルの説明内容をメモするスペースにする

以下同じ

そして

③ 「4つ」項目をかたまりで記憶しやすくノートする場合、メモを引き出して記入し、図化とメモを区分けする

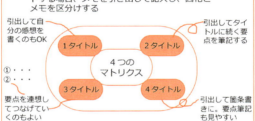

引出して自分の感想を書くのもOK

引出してタイトルに続く要点を筆記する

①・・・
②・・・

要点を連想してつなげていくのもよい

引出して箇条書きに。要点筆記も見やすい

1タイトル 2タイトル
4つのマトリクス
3タイトル 4タイトル

さらに

④ 「4つ」項目をひとかたまりでノートしつつ、説明までも一体とした図化とする

> 4つのマトリクス
>
> | 1タイトル | 2タイトル |
> |---|---|
> | 説明文も図化と一体化する場合、文も簡潔な方がよい | 1～4タイトルの遠近で図化の視覚効果も変わる |
> | 3タイトル | 4タイトル |
> | 図形の形は、自分がしっくりくるパターンをもつ | 視覚的にひとかたまりと見える形は大事な要素 |

SPECIAL

ノートのポイント

あるいは

⑤「4つ」項目をかたまりの図化と内容箇条書き図表とでノート化することも見返しやすい

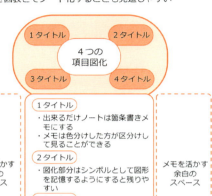

- 1タイトル
  - 出来るだけノートは箇条書きメモにする
  - メモは色分けした方が区分けして見ることができる
- 2タイトル
  - 図化部分はシンボルとして図形を記憶するようにすると残りやすい
- 3タイトル
  - 余白部分を図の周りにつくっておくと追記しやすい
- 4タイトル
  - 図化の形は自分のパターンをつくると自然にできるようになる

メモを活かす余白のスペース（左右）

キーワードと説明文の表現例

ウェルビーイングの為の4つのキーワード

1. 自己実現と成長 → 説明もまとまりに入れる視覚的パターン例

2. つながりと感謝 → キーワードと説明を見やすくまとめる例

3. 前向きと楽観 → 全体を1つのチャンクにする例

4. 独立とマイペース → 説明文もまとまりの主になる部分の書き方例

参 考 文 献

『ザ・ネイチャー・オブ・オーダー — 建築の美学と世界の本質　生命の現象』
クリストファー・アレグザンダー、中埜博訳、鹿島出版会、2013年

『アイデアを実現させる建築的思考術 — アーキテクチュアル・シンキング』
西澤明洋、日経BP、2019年

『佐藤可士和の超整理術』
佐藤可士和、日本経済新聞出版社、2011年

『佐藤可士和のクリエイティブシンキング』
佐藤可士和、日本経済新聞出版社、2016年

『図解9マス思考マンダラチャート — 仕事も人生もうまくいく！』
松村剛志、青春出版社、2018年

『頭がよくなる図化思考法』
齋藤孝、ソフトバンククリエイティブ、2010年

『武器としての図で考える習慣 —「抽象化思考」のレッスン』
平井孝志、東洋経済新報社、2020年

『直感と論理をつなぐ思考法 — VISION DRIVEN』
佐宗邦威、ダイヤモンド社、2019年

本書購入者特典

本書を購入してくださった読者へのプレゼントを用意しました。

❶本書「伝わるすごい図化力。」のハイライト動画&
「イマカツ の図化力をあげる誰でもできるテク講座」動画

❷本書に掲載した手書きで描いた図のカラー版をダウンロードできます。

❸「図化力」についてのサンプルシートをPDFにてダウンロードできます。

下記QRコードよりダウンロードしてください。

※なお上記プレゼントは予告なく終了することがあります。予めご了承ください。
※このプレゼント企画は、株式会社クラスデザイン が実施するもので、販売書店、取扱書店、出版社とは関係ございません。
※お問合せは、下記株式会社クラスデザインHPまでお願い致します。

●**株式会社クラスデザインHP**

●**イマカツ LINE公式**
（最新情報＆お得情報を発信）

Author Introduction

今井カツノリ

いまい かつのり／イマカツ

一級建築士・ビジネス図化デザイナー
株式会社クラスデザイン 代表取締役

大阪府生まれ。金沢大学工学部卒。大手建設会社で建築現場業務、設計業務に従事。一級建築士事務所を立ち上げ、独立後は、多様な建築プロジェクトを経験。構造設計一級建築士として構造設計と意匠設計を同時にこなす数少ない設計者としても活動。

独立後出会ったパターン・ランゲージという建築理論を、生活行動のパターンやチームの活性化などに応用した課題解決法として習得。ワークショップの開催を通じて、人々の生活行動や組織の課題解決のための手法を提供。

自らカフェ運営も行い、近年は地域活動に関わる中、地域の健康増進拠点として健康事業にも官民連携にて携わる。また地元の公立中学校において年間を通したキャリア教育授業を行うなど、積極的に地域貢献活動を担っている。

建築のプロセスも活かした「図化力」を増進させる視覚化の技法を用いて、組織や事業計画を全体の構造として図解することも多く実践。全体感をもち行動する人を増やすべく「視覚化メソッド」を確立体系化し、自己啓発や個人・組織の問題解決に役立てるために活動中。

伝わるすごい図化力。

2024年11月22日　初版第1刷

著　者	今井カツノリ
発行人	松崎義行
発　行	みらいパブリッシング

〒166-0003 東京都杉並区高円寺南4-26-12 福丸ビル6階
TEL 03-5913-8611　FAX 03-5913-8011
https://miraipub.jp　MAIL info@miraipub.jp

編　集	水木康文
ブックデザイン	北澤眞人（ORANGE SQUEEZE DESIGN）
発　売	星雲社（共同出版社・流通責任出版社）

〒112-0005 東京都文京区水道1-3-30
TEL 03-3868-3275　FAX 03-3868-6588

印刷・製本	株式会社上野印刷所

©Katsunori Imai 2024 Printed in Japan
ISBN978-4-434-34932-4 C0030